식물처럼 살기

식물처럼 살기

1판 1쇄 발행 2017년 6월 23일
1판 3쇄 발행 2018년 10월 8일

지은이 | 최문형
펴낸이 | 정규상
책임편집 | 구남희
편집 | 현상철·신철호
마케팅 | 박정수·김지현

펴낸곳 | 성균관대학교 출판부
등록 | 1975년 5월 21일 제1975-9호
주소 | 03063 서울특별시 종로구 성균관로 25-2
전화 | 02)760-1252~4
팩스 | 02)760-7452
홈페이지 | http://press.skku.edu

ⓒ 2017, 최문형
ISBN 979 - 11 - 5550-220 - 4 03100

값 15,000원
■ 이 책은 한국출판문화산업진흥원의 출판콘텐츠 창작자금을 지원받아 제작되었습니다.
■ 잘못된 책은 구입한 곳에서 교환해 드립니다.

식물처럼 살기

최문형 지음

사람의무늬

차례

들어가는 말

·

·

    식물을 주인공으로 이야기하고 싶은 지는 15년도 더 되었다. 식물
에 귀 기울이면 무언가 재미있는 이야기들이 많을 것 같았다. 처음엔
단순하게 생각했는데 시간이 흐르고 식물들에 대해 알면 알수록 할
이야기가 넘쳤다. 다 주워 담기 힘들어서 고민한 게 또 몇 년이다. 끙
끙거리다가 단순하게 시작하기로 했다. 길고 수다스런 이야기는 다음
을 기약하기로 한다.

    길을 걷다 만나는 이름도 모르는 식물들과 수시로 이야기한다. 그
들에게 관심을 가지면 그들도 내게 많은 것들을 알려준다. 물론 내가
다 이해하진 못해도. 그들은 나의 비밀스러운 친구들이다. 이 친구들
을 드디어 소개하게 되어서 정말 기쁘다.

    식물들은 내가 원고를 쓰는 동안 나를 내버려두지 않았다. 수시로
찾아들어서는 숙면을 방해했다. 방 창가로 스며든 나무 이파리들의
장난질이었을 것이다. 지금도 그들은 내가 무슨 말을 하고 있는지 호

시탐탐 감시한다. 처음에는 막연히 착한 친구들이겠거니 생각했는데 알아갈수록 처세의 고수들이란 걸 깨닫고는 서서히 그들이 두려워지기도 했다. 사실이지 여름밤에 우람한 나무와 마주치면 좀 무섭지 않은가. 두려울 만큼 똑똑한 그들은 지금도 미소를 머금고 나를 바라본다.

그들을 닮고 싶은 마음이야 굴뚝같지만 능력 밖이다. 그래서 그냥 그들을 찬양하는 데 만족하기로 했다. 그들은 친구이기도 하고 스승이기도 하다. 그들을 여러분에게 소개하게 되어 보람을 느낀다. 우뚝한 나무들과 도로에 피어난 풀들에게 깊은 감사를 보낸다.

쉿, 조용히 해봐, 저 친구가 이제 뭘 좀 시작하려나 봐.

어디 어디 좀 비켜 봐, 그 게으름뱅이가 일하고 있다구?

그래도 저 친구가 제격이라고 내가 말했잖아,
우리의 위대함을 알려주는 데는 말이야.

무슨 소리야? 내가 힌트를 준 게 벌써 16년 되었어,
해도 해도 너무한 거 아니야?

도대체 누가 저 친구를 고용한 거야?
아무리 봐도 딱 동물처럼 살고 있는 친구를.

아휴, 그러니까 이 일에 맞지.
이미 우리처럼 사는 사람은 이런 글을 쓸 필요를 못 느껴.
저 친구를 잘 봐.
느긋한 데라곤 없지, 누가 뭐라면 금방 씩씩대면서 싸우지,
무엇보다 제 마음에 안 들면 바로 휙 떠나버리지.
아무리 봐도 동물적이지 않아?
그러니까 동물처럼 사는 문제점을 누구보다 잘 알아.

뭐 이런 이유도 있긴 해.

이 일에는 여자가 낫겠다고 적극 추천한 것은 나라구.

아이도 낳고 엄마도 하는 여자 말이야.

여자가 남자보다 식물적인 면도 있어.

꽃을 여자에 비유하잖아, 저 친구는 한물간 꽃이긴 하지만.

글쎄, 저 친구가 잘할 수 있을까?

이게 좋겠어, 자네는 밤마다 저 친구를 감시해.

자네가 창가에 가장 가까이 붙어 있잖아.

나는 우리에게 집중하게 할 화학물질을 만들어서

창가에다 뿌려 놓을게.

사람들이 빨리 우리의 위대함을 알아야 해,

우리들의 삶의 방식을 알아야 해

더 늦어지면 이 지구의 생명체들은 다 죽을지도 몰라.

우리처럼 사는 걸로, 그렇게 삶의 틀을 바꾸면 살 수 있을텐데…….

이 책을 읽는 독자들께 바라는 것은 책 말미의 〈미주〉를 눈여겨 챙겨보셨으면 하는 것이다. 글의 흐름에 방해가 될까 우려되는 내용들을 미주에 실었는데, 독서에 재미를 주는 정보들이 많으니 빠트리지 말고 읽어주시기를 부탁드린다.

시선 돌리기

신과 동물 사이의 인간

신에게 다가갔다

동물에게 빌붙다가

시선을 돌리면

담장 밖 풀들의 속삭임

뭐니 뭐니 해도 〈동물의 왕국〉이나 〈내셔널 지오그래픽〉 채널에서는 동물의 왕 사자의 장보기 장면이 압권이다. 초원을 때 지어 이동하는 들소나 영양을 잡아먹으려고 사자들은 신중하고 조직적으로 움직인다. 사람들이야 대형마트에 가거나 스마트폰 위에서 손가락만 까딱하면 먹거리가 배달되지만, 사자들의 장보기는 전략전술의 예술이다. 그래서 더 볼만하다. 사자들의 사냥은 훌륭하다. 잘 짜인 치밀한 작전에 의해 사자들은 사냥감을 쫓는다. 무리에서 처진 약한 놈을 표적으로 정하면 거의 실수 없이 먹잇감을 포획한다. 초원에서 가장 우아한 기린도 사자의 공격을 따돌릴 수 없다.

10여 년 전 아프리카에 간 적이 있다. 그곳에는 아기자기한 자연을 그대로 활용한 호텔이 꽤 있다. 나뭇가지 사이에 새 집을 흉내 내어 만든 방들도 있고 초원에 드문드문 막사처럼 지은 방들도 있다. 우리가 묵었던 막사형 호텔에는 유난히 사진작가들이 많았다. 이 호텔은 식당도 단층 오픈 형으로 자연의 뜨락에 그대로 노출시켰는데 각종 귀여운 동물들과 함께 식사하는 멋이 있었다. 특히나 바로 옆에 기린들이 노닐었다. 그래서 아주 가까이서 우아한 기린들을 볼 수 있었다. 이 기린을 렌즈에 담으려고 세계 각국에서 사진작가들이 몰려들었다. 몇 달씩 머무는 이들도 있었다. 목과 다리가 늘씬한 기린은 미모도 빼어나서 긴 속눈썹과 초롱초롱한 눈망울을 가졌다. 기린은 그 긴 목으로 높은 나뭇가지의 이파리들을 먹는데, 가까이서 보면 고고한 듯 슬픈 듯 신비롭기까지 하다.

게다가 기린의 멋진 다리는 공격과 방어의 무기로도 쓰인다. 기린은 긴 다리를 이용하여 사자에게 위협적인 발길질을 할 수 있지만, 일단 사자들의 목표가 되면 어쩔 수 없이 무너지게 되어 있다. 그렇게도 우아한 기린이 사자에게 쓰러지는 건 참으로 안타까운 장면이다. 하지만 정글에서 일어나는 그들 사이의 이야기는 그저 '자연'일 뿐이다. 먹는 놈을 미워할 수도 먹히는 쪽을 동정할 수도 없는 현실이다.

사자들의 사냥을 보며 인간은 자신의 본능적 욕망을 확인한다. 야생 육식동물들의 치열한 삶을 훔쳐보며 그 옛날 원시인들의 사냥 본능이 살아난다. 또한 그것은 오늘날 인간 사회에서 통용되는 암묵적 법칙이기도 하다. 약육강식, 적자생존, 자연도태 같은 것들이다. 대부분의 현대인들은 먹히는 쪽보다는 먹는 쪽의 손을 들어준다. 텔레비전 광고에도 강인한 사자의 우람한 모습이 단골로 등장한다. 사자는 정말 멋지다!

그만큼 사람들은 '강함'을 선호한다. 초경쟁의 시대에서 승리만이 살길이다. 승리를 위해 각종 전략과 전술이 판을 친다. 특히 복수는 성공을 위한 인간의 필수과목이다. 누군가가 당신을 해치거나 방해했다면 반드시 그에게 복수해야만 한다. 복수와 성공은 동전의 양면이다. 이긴 자는 옳고 진 자는 그르다. 이긴 자는 착하고 진 자는 악하다. 이긴 자는 땅을 기업으로 받고 진 자는 지옥의 나락으로 떨어진다. 그곳에는 가난과 질병이 있다.

사람을 종종 동물에 비유한다. 여우 같은 여자, 늑대 같은 남자, 초식남, 건어물녀 등. 이러한 비유 속에는 은근히 인간 또한 동물종의 하나라는 것, 인간이 동물을 닮았다는 전제가 깔려 있다. 하긴 인간은 식물이 아니니까 이것은 그럴 듯한 비유이긴 하다. 하지만 동물들이 이 사실을 안다면 정말 펄쩍 뛸 일이다. 자신을 모독했다고 인간에게 항의할 것이다. 먹잇감을 사냥하는 사자조차도 가만있지 않을 것이다. 비록 자신의 사냥이 다른 동물을 무참히 죽이는 것이긴 해도 말이다.

사자에게는 다른 대안이 없다. 사자는 육식동물이고 다른 생명을 잡아먹어야 산다. 이것이 필연이고 그의 운명이다. 하지만 사자도 배가 부르면 앞에서 알짱대는 다른 동물들에게 관심도 없다. 사냥은 피곤한 것이고 사자도 웬만하면 안 하고 싶을 것이다. 사자라면 슬슬 돌아다니면서 도처에 널린 풀 이파리나 뜯어 먹으면 되는 소가 오히려 부럽지 않을까?

하지만 인간은 어떤가? 인간의 무한욕망은 단지 배가 고파서가 아니라 화가 나서, 걸리적거려서, 과시하려고, 아니면 그저 즐기려고 숲속의 동물을 사냥한다. 인간이 도구를 사용할 줄 알면서부터 지구상의 거대 동물들은 거의 멸종되었다. 물론 인간생존을 위협한 무서운 종들도 있었지만 말이다. 동물사회에서는 결투가 상대방을 위협하거나 항복을 받아내기 위한 것이다. 웬만해서는 상대의 목숨을 끊지 않는다. 상대가 엉덩이를 보이는 등 여러 가지 신호를 보내 항복의 의사를 보이면 결투는 끝나고 그들의 집단은 다시 안정된다. 지나친 경쟁은 서로에게 해가 되므로 그 정도에서 그치는 것이다.[*]

....

[*] 인간보다 척추동물에서 살생이 더 흔하게 일어난다는 보고도 있다.

인간은 어떤가? 인간은 조직적으로 동종을 죽인다. 그것도 대량으로 죽인다. 죽이는 도구는 점점 정교해지고, 이유도 각양각색이다. 인종이 달라서 신앙이 달라서 국적이 달라서 그런 여러 가지 이유로 동종을 학살한다. 동물의 욕망은 한정되었으나 인간의 욕망은 무한정하다. 그러니 어떤 육식동물이라도 인간이 동물처럼 산다고 한다면 발끈할 것이다. 그들은 자신들이 모욕당했다고 여길 것이고, 인간에게 동물종에서 당장 이름을 빼라고 요구하고 들 것이다.

인간은 신과 동물 사이의 중간적 존재로 자신을 인식해 왔다. 원시시대에는 인간이 신에게 가까이 가려고 했음을 알 수 있다. 동식물이나 자연에 모두 신이 깃들어 있다고 생각했고, 비록 대형동물을 사냥했지만 자신들의 먹잇감이 된 동물들에게 제사를 지내주며 고마움과 미안함을 표시할 줄 알았다. 고대 그리스 인들은 신들이 인간의 모습을 하고 인간처럼 미워하고 사랑하고 싸우며 살아간다고 상상했다. 신들 사이에 위계도 있고 역할도 다양했다. 그러다가 헬레니즘 문화와 헤브라이즘 전통이 섞이면서 그러한 '신' 개념은 최고신, 유일신에 대한 숭배로 변해갔다. 그리스도교의 유일신 신앙이 인간의 역사와 문화에 정착하게 되면서 인간이 신을 닮고자 그렇게도 애썼던 때가 중세시기였다.

근대에 들어오면서 인간이 특별한 존재가 아니고 동물종의 하나라는 다윈의 진화론, 억눌린 인간의 욕망에 관심을 돌린 프로이트의 정신분석이론, 주체와 객체의 이분법인 데카르트의 인식론 등이 대두되었다. 이 이론들은 신에게만 온 관심을 기울였던 인간으로 하여금 서서히 자신에게로 시선을 돌리게끔 하였다. 이제 인간은 신의 '붕어빵'이 아니라 '자칭' 진화의 최고점에 도달해 있는 것이다. 신을 닮고자 염원했던 인간에서 동물의 한 종인 인간임을 자각한 것이 근대의 특징이라고 할 만하다. 특히 요즈음에는 인간의 사회적 행동을 생물학으로 이해하고 설명하는 이론이 발전할 정도이다.

이러한 변화는 한편으로는 과학과 기술의 발달을 이끌었지만, 인간이 '동물화'된 문제도 낳았다. 예전의 인간은 신을 닮으려 했기 때문에 종교적인 경건과 외경심을 기본적으로 가지고 있었지만, 이제는 부도덕과 이기^{利己}가 동물세계 자연법칙의 원리에 의해 지지되었다. '나'라는 개체의 욕망 추구가 양육강식이나 적자생존으로 합리화되었다. 거기에 과학기술의 발전까지 더해지면서 인간의 뻔뻔함과 비열함이 조직화되어 분쟁과 착취, 전쟁으로 이어졌다.

문제는 현재의 인간이, 인류가 행복한가이다. 우리가 다 알다시피 동물과 닮았다는 인간이 주인이 된 지구는 전쟁, 살육, 테러, 총기난사, 난민, 영토분쟁, 종교분쟁, 각종 바이러스의 창궐, 토양과 해양의 오염, 미세먼지, 온난화 등등으로 아주 만신창이가 되었다. 동종끼리의 전쟁, 타종의 착취로도 성이 안 찼는지 인류는 생명의 터전인 지구조차도 마구 다루었다.

더 이상 지구가 인간을 봐주기 싫어진 모양이다. 인간이 살기에는 지구의 자정작용도 한계에 달했고 이제 인류는 다른 행성을 알아보아야 할 지경이 되었다. 어쩌면 지구를 살리는 해결책은 지구를 이토록 망가뜨린 호모 사피엔스란 종을 지구에서 완전히 몰아내는 것일 수도 있다.

인간이 신을 닮고자 하였을 때는 아무리 악한 인간이라도 신을 두려워했고 잘못을 저질렀을 때에는 죄책감도 가졌을 것이다. 그때는 신의 권위와 위엄이 인간을 온통 감시한다는 느낌에서 자유롭지 못했다. 차마 대놓고 악행을 하기는 힘들었다. 그렇다고 해서 인간 사회가 온통 선으로 가득차지도 않았고 한편으로는 신의 권위를 빌어 못된 짓도 했던 것도 사실이지만 말이다.

하지만 인간이 동물종의 하나라는 생각의 변화 또한 부작용을 가져왔다. 인간의 지나친 탐욕과 공격성을 동물을 빗대어 포장해 버린 것이다. 속임수, 폭력, 야망 등을 자연스러운 것으로 합리화하고 '동물적 인간'이 치열한 진화의 경쟁에서 살아남기 위한 속성들로 위장했다. 신에게서 동물에게로 눈을 돌린 인간의 변명이다.

이제 시선을 한번 돌려 보자. 우리의 관심을 별로 끌지 않았던 존재들에게로 말이다. 지구 표면을 온통 뒤덮고 있는, 바다 속에도 가득한, 식물들 말이다. 우리가 아무렇지 않게 지나치는 그들은 지구의 시초부터, 우리 인간종이 생겨나기 전부터 이 지구의 터줏대감이었다. 우리는 왜 그들을 잊고 살았는지! 그들은 공룡들이 지구를 점령했던 시절에도 살아남았고 몇 차례의 세계대전으로 초토화된 땅에서도 다시금 싹을 틔웠다. 아프리카 초원에도 히말라야 산에도 적도에도 바다에도 논과 들에도 심지어 거실의 한 모퉁이에도 그들은 오롯이 자기 자리를 지키고 있다.

우리는 별 존재감을 느끼지 못하고 살아왔지만 그들이야말로 이 지구의 진정한 주인인 듯 하다. 그들은 긴 세월 장수하고, 죽었는가 싶었는데 다시 부스스 살아난다. 그들은 이동하지 못하는 것처럼 보이는데 사실은 아주 느리게 움직인다. 그들은 우리에게 산소를 주고 양식을 준다. 그들은 우리에게 약을 주고 꽃을 주고 열매를 주고 씨앗을 준다. 지구상에 식물이 없다면 동물도 인간도 숨 쉬지 못하고 굶어 죽었을 것이다.

그들은 우리에게 길들여져서 재배되었지만 사실은 그들이 우리를 길들였다. 우리가 아무런 거부반응 없이 그들을 사랑하고 살리고 번식시키도록 그들은 아주 긴긴 시간 동안 우리를 길들여 왔다. 인간이 진화의 최고점이라고 자랑할지 모르지만 그 진화는 식물과의 공진화였다. 식물은 어마어마한 존재이다. 우리가 이제까지 그걸 알아내지 못하고 무심히 살아왔을 뿐이다. 이제 관심을 식물에게로 돌려 보자. 그들의 목소리에 귀를 기울여 보자. 그들의 지혜를 배우자. 그들이 험난한 지구에서 지금까지 살아 낸 것은 우리에게 할 말이 있어서 인지 모르지 않는가? 이제 나무와 꽃들, 풀들, 이파리와 열매들에게 귀를 기울여보자. 그들의 삶의 이야기를 들어보면 우리의 고민에 대한 조언이, 우리가 닥친 위기에 대한 답이 있을지도 모른다.

그들과 함께

그들과 함께한 세월

묵묵하지만 지혜로운

소박하지만 신성한 그들

그들은 우리 마음을 일깨우고

우리 마음을 살찌웠다

아름다움과 순결함으로

우리의 문명을 가꾸어 준 그들

나무가 말을 한다?

 J.R.R.톨킨의 유명한 판타지 소설 『반지의 제왕』은 영화로도 만들어져 잘 알려져 있다. 악과 어둠의 제왕 사우론이 만든 절대반지는 인간의 마음에 탐욕을 일으켜 결국에는 세상을 파괴하는 강력한 힘을 지닌다. 이 반지를 파괴하기 위한 반지원정대와 반지 운반자 프로도의 모험은 시종일관 손에 땀을 쥐게 한다. 이 영화의 매력이라면 음악과 영상일 것이다. 뉴질랜드의 거칠 것 없는 자연의 웅장함이 담긴 스펙터클한 영상과 전편에 흐르는 은은하고 호소력 있는 사운드 트랙의 선율은 지친 우리의 마음을 다독여준다.

 영화가 개봉되었을 당시 〈반지의 제왕 2부: 두 개의 탑[2002]〉에서 헬름협곡 전투 때에 거대한 나무들이 성큼성큼 걸어다니며 돌을 던지고 둑을 헐어서 사루만의 요새를 모조리 쓸어버리는 장면은 인상적이었다.[1] '큰 나무들이 정말로 움직일 수 있다면 저런 대단한 일도 하겠구나' 하는 생각을 했었다. 헬름협곡의 전투는 로한의 왕 세오덴과 그를 도우러 온 엘프의 연합군들이 사루만의 거대한 악의 세력인 아이센가드대군에 맞선 전투이다. 만 명에 달하는 오크대군이 성을 향해 전진하는 중간중간에 동굴에 피신한 연약한 어린아이들과 여인들이 두려움에 떠는 모습이 교차하는 장면은 보는 이들로 하여금 연민을 자아내며, 이 전투가 수적인 열세를 극복하기 힘든 싸움임을 암시한다.

 하지만 이 전쟁의 판을 뒤집은 뜻하지 못했던 원군은 나무의 목자인 엔트족이었다. 나무를 몰살하는 악의 세력들에 분노한 그들은 긴 세월의 인내를 깨고 신속히 민첩하게 족장 나무수염의 지휘로 최후의 결전에 나선다. 바로 사우론의 기지인 아이센가드를 공격하는 것이다. 스스로 이것이 마지막 행군이라 자처하고 말이다. 결국 그 누구도 그들을 상대하지 못한다.

그들은 꺾이고 불태워지는 처참한 시련을 겪지만 끝내는 이 전쟁을 대승리로 이끈다. 그것은 바로 자연의 힘이다. 댐을 무너뜨려서 강물을 끌어들여 사루만의 대군들을 수장시켜 버린 것이다. 폭포 같은 강물에 사루만의 아이센가드 기지가 한낱 장난감 도시처럼 무너지는 장면은 시원하고 통쾌하다. 마치 모든 악을 쓸어내는 대홍수를 연상시킨다.

이렇게 사루만의 기지를 공격하여 무력화시킨 그들은 지혜롭고 침착하며 신중하고 조직적인 성품을 지녔다. 메리와 피핀이 처음에 본 나무수염의 '희미하고 침착하며 생각에 잠긴 듯한 녹색의 눈빛'이 그것을 암시한다. 엔트족은 과묵하고 느리고 지혜로운 존재들로 묘사되어 있다. 그들의 얼굴은 늙은 현인의 모습으로 표현되어서 위엄있기조차 하다.

반지 운반자 프로도를 시종일관 지켜주는 동반자이자 친구인 샘의 모습은 뭉클한 감동 그 자체이다. 샘은 프로도를 주인으로 섬기면서 수호천사처럼 그를 애지중지 아낀다. 어려움이 닥칠 때마다 자신은 뒷전으로 하고 프로도를 지키고 보살핀다. 프로도를 향한 샘의 순수한 마음은 우리를 놀라게 하고 감동시키기에 충분하다. 그런 힘을 가져서일까? 샘은 반지의 유혹 앞에서조차 강한 모습을 보여준다.

샘은 원래 정원사이다.[2] 고향 샤이어에서 정원에서 자라나는 식물들을 애틋하게 보살피고 가꾸어 왔다. 벌레에 먹힐 새라 새들에게 쪼일 새라 심한 바람에 꺾일 새라 늘상 나무와 식물들을 지켜온 것이 그의 일이었다. 그는 반지원정 내내 정원을 가꾸듯 프로도를 보호한다. 사우론의 악한 기운에서, 위협적인 정찰자 나즈굴에게서, 오크들에게서, 괴물 실롭에게서, 간교한 골룸에게서, 그리고 무엇보다도 흔들리는 프로도 자신의 마음으로부터 말이다. 이 작품에서 충직하고 선량하기만 한 샘의 신분을 정원사로 설정한 것은 우연이었을까?

샘은 원정에서 요정 갈라드리엘을 만나 작은 나무상자를 선물로 받는데, 그는 어떤 위험에서도 마지막 희망 같은 이 상자를 지켜낸다.[3] 후에 임무를 마치고 고향 샤이어로 돌아온 그는 상자 안에 든 말로른 나무 씨앗을 심고 황폐화된 들을 가꾼다. 몇 년 후 우아하고 아름답게 자란 말로른나무는 다른 지역의 사람들까지 매혹시킨다. 햇빛과 비의 도움으로 자두와 포도와 딸기가 풍족하게 수확되어 '풍요와 성숙이 깃든' 샤이어의 광경은 흐뭇하기만 하다.

나무에 대한 작가의 애정은 여기서 그치지 않는다. 〈3부: 왕의 귀환〉에서 간달프는 대관식을 마친 아라곤과 함께 곤도르시 뒤에 높이 솟은 설산으로 향한다. 아라곤이 왕궁 정원에 있는 성스러운 흰 나무가 시들어 있음을 염려하자, 간달프는 아라곤으로 하여금 경사진 암벽 눈 쌓인 곳에 홀로 자라나고 있는 어린 나무를 보게 한다. '가장 오래된 나무'인 님로스 혈통인 이 나무는 오랜 세월 이 산에 숨어 잠자다가 싹을 틔운 경이와 기적을 보여준다.[4] 반지원정대의 험난한 여정이 끝나고 아라곤이 귀환하여 세상이 평화와 안정을 찾게 될 그 때, 아직 눈이 녹지 않았지만 이 어린 묘목은 정의로운 새 왕을 환영하듯, 왕국의 기쁨과 번영을 노래하듯, 황폐한 곳에서 그렇게 오롯이 자라나고 있었다. 아라곤은 이 어린 나무를 가져다가 궁정 뜰에 심고 시들어 죽은 하얀 나무를 공손히 뽑아내어 보관한다.

왜 작가는 나무와 나무의 목자들을 등장시켰을까? 나무와 씨앗은 이 작품에서 희망과 평화를 상징한다. 나무의 목자들인 엔트들의 활약과 정원사 샘의 용기와 감동은 단순한 우연이 아닌 것이다.

신성한 그들

이렇게 식물은, 특히 나무는 그 존재 자체로 우리에게 소중하고 신성하다. 깨달음과 교훈과 감동이 그들로부터 왔다. 우리는 오래전부터 이 멋진 나무들을 신성시해왔다. 오랜 옛날부터 사람들은 우주목宇宙木이 있다고 믿었다.[5] 우주의 축인 이 나무는 세 개의 세상을 가로지르는데, 뿌리는 지하 깊숙이에, 가지들은 천상에 닿아 있다. 땅속에서 길어 올려진 물은 수액이 되고 태양으로 얻은 빛은 잎과 꽃과 열매를 키우는 양분이 된다. 이처럼 곧게 뻗은 나무는 천상과 지하를 연결해주어 우주가 영원히 재생될 수 있었고, 모든 생명의 원천이 되어 수많은 생명체를 보호하고 그들에게 양식을 주었다. 신들마저도 이 나무에서 휴식을 취하곤 한다고 믿었다. 그래서 이 나무는 생명의 나무the tree of life 이기도 하다.

북유럽신화에 자주 등장하는 위그드라실Yggdrasil은 북유럽 인들이 신성시했던 거대한 물푸레나무이다. 이 나무는 세계의 중심, 인간들이 사는 중간계 한가운데서 자라는데, 가지들은 세상 위로 뻗어나가 하늘에 닿고 세계를 곧게 떠받쳤다. 이 거대한 물푸레나무 위그드라실에는 온갖 짐승들이 살았으며, 이 나무는 신과 인간과 거인이 사는 모든 세계에 생명을 주었다. 이처럼 생명체가 서로 엉겨서 살고 있는 이 세계는 그대로 거대한 하나의 나무, 세계나무이고 우주나무이다.

불교의 성인 싯다르타가 깨달음을 얻은 곳도 바로 보리수나무 아래였다.[6] 보리수는 인도에서 '숲의 왕'이라고 하여 불교 이전의 고대부터 성수聖樹로 숭배되었던 나무로서 '성스러운 중심'이며, 큰 깨달음을 상징한다. 이 나무는 석가모니 부처의 '지혜의 나무'로도 불린다. 대승불교의 경전에는 신비로운 보리수가 등장하는데, 극락세계에 우뚝 솟아서 미풍에 묘음을 내어 그것을 듣는 것만으로도 사람들을 깨달음에 이르게 한다고 한다. 보리수는 인내라는 뿌리와 견고한 의지로 덕행의 꽃을 피우고, 기억과 판단력의 가지를 드리워 진실이라는 열매를 맺는다고 여겨져 왔다.

그리스도교도 그 중심에는 역시 나무가 있다. 인류의 죄를 사해주기 위한 예수의 죽음과 부활의 사건 속에는 십자가가 있는데, 이 십자가는 형벌과 고통의 나무이기도 하고, 동시에 속죄와 영광의 나무이기도 하다. 고대 유물 중 석관의 장식으로 조각된 아담과 이브의 상을 보면, 그들이 나무를 중심에 두고 마주 서 있는데 이 나무에는 뱀이 똬리를 틀고 있다.[7] 이 나무가 바로 신으로부터 금지된, 선악을 알게 하는 '지식의 나무'이다. 그리스도교의 성화 중에는 예수가 십자가에 달린 그림이 있는데, 그림 상부 중앙에 예수가 매달린 십자가는 바로 인류를 타락하게 만든 그 '지식의 나무'로 만든 것임이 묘사되었다.

예부터 나무들은 신들이 거처하거나 드나드는 곳으로 신성화되었다.[8] 물푸레나무와 떡갈나무들은 수호신들을 숨겨준다는 믿음으로 보호되었다. 나무를 자르거나 해치는 행위는 비난하고 처벌할 만한 것으로 여겼다. 여러 가지 금기들이 나무를 보호하여 왔다. 성서에는 나무에 대한 금지사항들이 있다. "너희가 어느 성읍을 오랫동안 에워싸고 쳐서 취하려 할 때에도 도끼를 둘러 그곳의 나무를 작별하지 말라. 이는 너희가 먹을 열매가 될 것임이니 찍지 말라."(신명기 20:19) 이는 전쟁 중이라도 나무는 건드리지 말라는 경고이다.

구약의 신 야훼는 자신을 나무에 비유하기까지 한다. "나는 푸른 잣나무 같으니 네가 나로 말미암아 열매를 얻으리라 하리라."(호세아 14:8) 야훼는 자신의 풍요의 원리를 잣나무 열매로 표현한다. 그 상록의 잎새들은 계절의 주기를 초월한 영원한 삶을 상징한다. 그 밖에도 성서는 근동 사람들이 흔히 아는, 상징적 역할을 하는 성스러운 나무들을 언급하고 있다. 레바논의 서양 삼나무, 올리브나무, 종려나무, 떡갈나무, 잣나무 등이다.

나무는 세계의 중심이며 우주의 축이었다. 포도, 오디, 복숭아, 대추야자, 아몬드, 참깨 등 생명을 주는 열매가 달린 나무들은 모두 성스런 나무로 여겼다. 포도나무는 종종 지식의 나무로 알려졌다. 포도 열매로 담근 술은 진실을 불러오지 않는가? 도교에서는 서방정토에서 자라는 복숭아 열매를 먹으면 죽지 않는다고 믿었다. 『서유기』에는 서왕모의 복숭아를 훔쳐 먹고 불사의 존재가 된 영리한 황금원숭이 손오공이 등장한다. 대만에서는 대나무가 생명나무로 여겨진다.

그리스 신화에는 안타까운 사랑이야기가 참 많은데, 그중 아폴론 Apollon과 나무로 변한 다프네Daphne의 이야기가 있다. 강의 신 페네이오스의 딸 다프네는 아름답지만 남성에게는 관심이 없고 그저 사냥을 즐기는 처녀였다. 에로스Eros의 '사랑의 화살'을 맞은 아폴론은 다프네를 사랑하게 되고, 심술궂은 에로스의 '거절의 화살'을 맞은 다프네는 아폴론을 거부하게 된다. 아폴론은 짝사랑의 병에 걸리고 정신없이 다프네를 쫓게 된다. 어느 날 다프네는 결국 사랑을 고백하며 뒤쫓던 아폴론에게 잡히게 된다.

그녀는 강의 신인 아버지에게 자신의 모습을 바꾸어 달라고 간청하고 그 자리에서 서서히 월계수로 변해 간다. 아폴론은 그렇게도 사랑했던 다프네가 나무로 변하자 크게 실망하지만, 다프네가 변한 그 나무를 자신의 성수聖樹로 삼고 자신은 평생 월계수로 만든 관을 쓸 것을 맹세한다. 결국 다프네는 나무가 되어 영원히 살게 된다.

이 슬픈 사랑이야기는 많은 예술가들의 혼을 자극하여 이들을 소재로 한 많은 그림과 조각들을 만들어냈다. 나무로 변해가는 다프네의 모습과 망연자실하게 이를 바라보는 아폴론의 표정이 압권이다. 왜 강의 신은 자신의 딸을 하필이면 나무로 변신시켰을까?

이 신화에서 다프네의 아름다운 몸이 하나씩 하나씩 나무로 변해가는 것을 현장감있게 묘사한 장면은 인상적이다. 순결성과 자연성을 지키고 싶었던 자유로운 영혼인 아름다운 처녀가 발은 뿌리가, 가슴은 나무껍질이, 두 팔은 가지가, 머리카락은 나뭇잎이 되어가면서 영원성과 시들지 않는 생명의 상징인 나무의 세계로 탈출한다. 그녀의 '식물화'는 오히려 그녀가 아폴론 신과 영원히 함께할 수 있는 위치에 오르게 했다. 그녀는 나무가 됨으로써 육체적 욕망의 영역에서 신성함의 영역으로 진입했다고 할까?

나무로 변해가면서 아폴론의 키스조차도 거부한 다프네는 욕망의 대상에서 숭배의 대상으로 전환한다. 그리고는 늘 푸른 싱싱한 젊음을 지닌 신목神木이 되어 아폴론과 함께한다.[9] 다프네의 식물화는 그녀를 향한 아폴론의 사랑을 승화시켰다. 찰나적 사랑에서 영원한 사랑으로, 동물적 사랑에서 식물적 사랑으로. 다프네는 나무가 됨으로써 아폴론에게 자신의 모든 것을 영원히 내어줄 수 있게 되었다. 왜 하필 그녀가 나무로 변했는지, 여러 가지 상상을 펼쳐 보았다.

동전에 새겨져 기념되는 나무도 있다. 미국 동전 중 제일 가벼운 다임dime 동전 뒷면에는 횃불을 사이에 두고 올리브나무 가지와 참나무 가지가 새겨져 있다. 두 나뭇가지에는 모두 작은 열매가 그려져 있는데 참나무의 열매는 도토리이다.[10] 그리스 문화에서 참나무가 최고신 제우스Zeus의 나무라면, 올리브나무는 지혜와 전쟁, 평화, 농경의 여신 아테나Athena의 나무이다. 참나무가 그냥 두어도 잘 자라는 자연의 선물이라면, 올리브는 재배하는 데 인간의 노력이 많이 필요하다.

아테네 인들은 올리브나무를 자신들의 수호신인 아테나의 신목으로 삼았는데, 동지중해 연안의 많은 민족들에게도 올리브나무는 성유聖油를 제공하는 중요한 나무였다.[11] 미국인들이 왜 이 두 나무를 동전에 아로새겼을까? 올리브는 평화와 풍요, 참나무는 용기와 독립을 상징한다고 하는데, 인간에게 없어서는 안되는 소중한 존재들이고 인류 문명을 발전시키는 데 기여한 나무였기 때문일 것이다.

순결한 꽃, 고귀한 꽃

나무가 나이든 현자와 같다면 꽃은 발랄한 청춘과도 같다. 꽃들은 인간에게 큰 행복과 기쁨을 주어왔다. 꽃은 아름다움을 대변한다. 꽃이 등장하면서부터 인간은 아름다움에 눈떴다. 인간은 고대부터 꽃들을 사랑하고 가까이했다. 그리스 인들은 심지어 신들이 꽃을 좋아한다는 믿음을 지니고 있었다.[12] 그들은 커리플랜트*가 마르면 불멸의 꽃꽂이를 만들어 신전을 장식했다. 그리스 인들은 식물과 꽃이 반복과 재생을 거치며 죽지 않는 존재라는 것을 일찍이 알았던 것 같다. 그래서 정원을 가꾸어 꽃을 애지중지했다. 고대 이집트 인들의 정원은 수련, 수레국화, 양귀비, 석류나무, 돌무화과나무, 올리브나무, 캐모마일로 가득 찼으며, 중국인들은 정원에 인삼, 동백, 진달래, 뽕나무, 감, 차 등을 심어 즐겼다.

....
* 카레 향이 나는 식물의 일종

고대문화나 종교, 건축에 관심이 있는 사람이라면 연꽃에 주목하지 않을 수 없다. 연꽃은 고대 그리스 신전의 단골 조각품이었다. 신화를 소재로 한 그림들에도 많이 보인다. 연꽃을 어디에서나 흔히 볼 수 있어서 그랬을까? 영웅들의 창에는 연꽃이 새겨져 있다.[13] 동서양의 여러 종교들도 앞다투어 연꽃을 사랑했다. 고대 이집트 신앙에서 연꽃은 원초적인 무형의 물*에서 세계가 솟아 나왔음을 상징한다. 인디언들은 연꽃의 꽃망울이 우주 세계의 상징인 알을 닮았다고 보았다. 또 개화는 꽃의 가능성의 실현이므로 인간의 잠재적 가능성의 실현으로 생각했다.

불교의 연꽃은 인간의 가장 고귀한 상태를 뜻하고 지식과 부처의 상징이다. 석가모니가 가부좌를 튼 채 명상의 자세로 꽃잎이 여덟 장인 연꽃 위에 앉아 있는 모습을 볼 수 있는데, 이 꽃잎들은 여덟 방향을 의미한다. 이는 여덟 개의 살이 달린 우주의 바퀴와도 상응한다. 불교미술에서 부처상에 등장하는 연꽃은 더 높은 정신 상태로의 초월을 뜻한다. 불교의 가장 유명한 진언mantra 중에 하나인 '옴 마니 반메 훔'은 '연꽃 속에 들어 있는 보석', 즉 부처를 의미한다.

힌두교의 창조주인 브라마Brahma는 물 위에 누워 잠든 비슈누Vishnu 신의 배꼽에서 핀 연꽃 잎에서 태어났다. 힌두교의 연꽃은 아름다움, 다산, 번영의 상징이고 순결과 신성, 영원을 상징한다. 『바가바드기타Bhagavad Gītā』는 인간을 연꽃처럼 물 위로 높이 떠올라 있는 존재로 보았다. 연꽃은 진흙 속에 뿌리를 박는데, 그 이파리는 물에 젖거나 흙에 더럽혀지지 않고 수면 위로 살포시 올라와 있다. 그래서 연꽃은 애착과 욕망으로부터 벗어난 것으로 여겨왔다.

우아함의 대명사인 튤립은 막강한 매력을 지닌 꽃이다.[14] 네덜란드 사람들은 땅의 풍경이 단조로워 특이하고 화려한 꽃들을 좋아했다. 네덜란드는 땅이 부족해서 정원의 규모가 작았고, 사람들은 자기 정원을 마치 보석 상자처럼 아꼈다. 특히 꽃 중에서도 튤립에 열광하였다. 르네상스 이전까지 재배되었던 꽃들은 아름답기도 하고 유용하기도 했다. 그것들은 약재, 향수, 음식이 되기도 하였다.

그래서 튤립이 처음 유럽에 퍼졌을 때 사람들은 튤립의 실용적인 용도를 찾느라 바빴다. 네덜란드 사람들의 과시취향은 튤립이 가지고 있는 실용성 없는 아름다움과 만나게 되었다. 그들은 향기가 없는 이 꽃을 순결하며 절제하는 꽃으로 찬양했다. 튤립의 입장에서 보면 네덜란드 사람들의 과시취향이 자신의 자손을 퍼뜨리는 데 한몫을 한 것이다. 튤립은 호모 사피엔스 중에서도 네덜란드 인들을 중매쟁이로 최대한 활용한, 당당하고 우아한 꽃일 것이다.

함께한 세월

진화의 과정에서도 꽃의 등장은 주목할 일이다. 꽃이 나타나기 이전의 세상은 활기 없고 단조로웠다.[15] 진화의 속도가 느렸고 교배도 느렸다. 교배는 공간적으로 가까이 있거나 관련성이 많은 개체 사이에서만 이루어졌다. 그러다 보니 새로운 품종이나 변종은 좀처럼 나타날 수 없었다. 그 때는 동종번식을 훨씬 더 많이 했다. 그런데 꽃이 등장하면서 이 모든 것을 다 바꾸어 놓았다.

인간도 꽃에 더욱 잘 매혹되는 사람, 여러 꽃들을 구분할 줄 알고 그 꽃을 본 위치를 잘 기억하는 사람은 꽃에 관심이 없는 사람보다 훨씬 생존에 유리하다. 자연선택은 항상 우리 조상 가운데서 주변에 어떤 식물이 있는지 잘 알고 그것들을 분류할 줄 알고 어디서 자라는지 기억하는 사람들 편이었다. 꽃을 인식하는 능력은 남들보다 열매를 먼저 차지하기 위한 선행조건이기 때문이다.

우리는 꽃들을 무심히 보아 넘겨서는 안 된다. 그렇다고 꽃을 함부로 꺾어들고 좋다고 할 일도 아니다. 많은 문학작가와 철학자들이 사람들에게 꽃을 꺾어 소유하는 것을 경고한 것은, 그냥 꽃과 자연을 사랑하고 보호하는 차원이 아니다. 그 안에는 인간을 포함한 지구상 생명체의 생존에 대한 준엄한 경고가 있는 것이다.

오래전부터 인류는 식물에 관심을 가져왔다. 인간과 특히 가까운 식물은 채소와 과일과 곡물이다. 이 중에서 곡물은 필수적이다. 에드워드 윌슨Edward O. Wilson은 인간이 두 손을 사용하고 직립하게 된 것은 인간이 초본식물의 씨앗을 먹는 습성을 가졌기 때문이라고 주장하였다.[16] 작은 낟알을 줍느라고 손을 정교하게 사용하게 되어 직립하게 되었다는 것이다. 설치류를 살펴보면 재미있는 것을 발견하게 되는데, 그들이 견과류나 씨앗을 먹을 때 직립한다는 점이다.

한동안 귀여운 햄스터를 기른 적이 있다. 햄스터는 작은 낟알을 즐겨 먹는데, 손바닥에 작은 씨앗을 두면 손 위로 살살 올라와서는 뒷

발로 똑바로 버티고 앞발로 씨앗을 들고 입으로 가져가 오물오물 먹는다. 그 모습은 귀엽기도 하고 사랑스럽기도 한데, 인간의 직립을 연상시킨다. 앞의 주장이 옳다면 초기 인류가 동물보다 식물, 낟알을 즐겨먹었다는 것은 인류 진화에 있어서 축복이고 행운일 것이다. 식물 중에서도 씨앗은 인간이 직립하여 만물의 영장이 되는 데 큰 공을 세운 것이다.

씨앗을 땅에 심어 농경과 재배를 할 줄 알게 되면서 인간의 생활은 확 달라졌다. 채집에 의존했을 때는 일회성 노동이었지만, 농사를 짓게 되니 이 노동은 연속적이고 조직적인 것이 되었다. 인류 문명의 첫 번째 거대한 변화를 농업혁명이라 부른 것에 주목하자. 농경을 시작하면서 큰 강을 중심으로 정착생활을 하게 되고 도시가 지어지고 왕국이 만들어졌다. 인류의 문명은 꽃이 만들어준 씨앗에서 시작된 것이다.

인간은 동물에게 관대하지 않았다. 오래전 '호모 사피엔스'라는 종이 지구상에 나타난 이후 많은 동물종들이 멸종했다. 직립하여 도구를 사용하고 언어가 발달한 이 종은 자연선택에 의해 진화하여 지구를 '정복'했다. 20만 년 전에 등장한 이 종은 특히 동물들에게 잔인했다. 필요에 의해서였든 불가피했든 간에 이 종은 생태계 연쇄살인범으로 등극했는데, 특히 지구상의 대형동물 여러 종은 이 종에 의해 멸종되었다.

이는 단지 옛날이야기가 아니다. 지금도 인류는 각종 동물들을 무참히 살육한다. 원시시대에는 자신의 생존에 위협이 되는 거대종들을 무찔렀지만, 문명이 발달하고부터는 고기를 얻고 가죽을 얻고 지느러미를 얻고 때로는 장기를 얻기 위해, 아니면 자신들의 공격본능을 충족하기 위해, 무슨 이유에서든 다른 동물들을 무참히 학대하고 살해했다. 얼마전 태국의 호랑이 사원이 폐쇄조치를 당했는데, 이곳에서 수 십 마리의 호랑이들이 살해되어왔고 아기호랑이들은 통째로 술로 담가져왔다고 한다. 20만 년 전부터 현재까지 인류라는 종은 이렇게 동물들을 학대해왔음을 알 수 있다.

식물의 경우는 어떤가? 인간은 식물을 자신의 삶 속으로 흔쾌히 끌어들여 애지중지 씨앗을 받고 키우고 가꾸어 왔다. 하찮아 보이는 풀들까지도 식용으로 약용으로 다양하게 활용하고 이용해 오고 있다. 인간은 긴긴 시간 동안 식물의 생존과 번식에 두 팔 걷어붙이고 노력해왔다.

그것은 그들이 주는 유용함 때문인가, 아니면 희망과 감동 때문인가? 굳이 그 이유를 나누어 생각할 필요는 없을 것 같다. 인간은 이기적이고 동시에 합리적인 존재이니 말이다. 나무가 신성시되고 꽃이 순결하고 고귀하게 여겨진 것은 그들이 우리에게 정신적 평화와 동시에 육체적 만족을 주는 것과 무관하지 않을 것이다. 식물의 작은 씨앗에서 인류의 문명이 싹텄다. 어린 묘목이 인류가 깃들 거처로 자라났다. 긴 세월 우리와 함께한 묵묵한 동반자인 그들을 우리가 어떻게 찬양하지 않을 수 있을까?

아낌없이
주기

주면 사라지는가?

줄 것은 어디 있는가?

누구에게 무엇을 주어야 하나?

매일 이 고민을 할 수 있는 건

특권이고 행복이다

시간도 관심도 체온도 눈빛도 말도

우리가 줄 수 있는 것은 너무도 많다

나무처럼, 식물처럼

변치 않는 존재

나무는 그늘을 드리워 휴식처를 준다. 이 그늘 속에서 어떤 달콤한 꿈도 꿀 수 있다. 나무 그늘은 크고 안락하고 공기가 좋고 적당히 축축하다. 그 곳은 늘 평안하고 정겨워서 아무 때나 찾을 수 있는 곳이다. 어릴 적 생일선물로 멋진 장난감 자동차를 받았을 때, 늘 함께 하셨던 할머니가 돌아가셨을 때, 두근거리던 첫 데이트를 할 때, 첫사랑이 떠나버리고 마음을 주체할 수 없을 때, 시험에 합격했을 때. 기쁠 때나 슬플 때나 힘들거나 행복할 때 그 가지와 그늘을 찾았다. 나무는 변함없이 늘 반겨 주었다. 서로 아무 말도 안했지만 마음을 느낄 수 있었다. 슈베르트의 〈보리수〉라는 가곡은 나무가 인간에게 주는 많은 것을 노래한다. 큰 그늘, 가지에 새긴 맹세, 변치 않는 존재로서의 든든함 등.

베르나르 베르베르의 단편집 『나무』 중에 「말 없는 친구」라는 작품이 있다.[17] 이 단편의 화자이자 주인공은 말을 하지 못하는 나무이다. 나무는 한 소녀와 긴 세월 동안 우정을 맺었다. 소녀는 어릴 적부터 기쁠 때나 슬플 때 언제든 나무에게 와서 자기 속마음을 이야기했다. 그리고 나무에게 이름을 지어 주고 자신과의 사랑과 우정을 둥치에 새겨 놓았다.

그런데 이 소녀가 친구들과의 사이에서 몹쓸 일을 당해 바로 이 나무 아래에서 살해된다. 이 사건을 목격한 것은 소녀의 친구인 나무였다. 나무만이 유일한 목격자이다. 그녀는 죽기 직전 살해자의 결정적 단서를 나무 둥치에 맡긴다. 나무는 진정한 친구인 소녀의 죽음에 슬퍼하지만, 움직일 수도 말할 수도 없다. 그저 사랑하는 소녀의 복수를 위한 날만을 기다리고 있다.

얼마 후 소녀의 사건을 수사하러 경찰이 현장에 도착한다. 나무에게 기다리고 기다리던 절호의 기회가 온 것이다. 별다른 증거를 찾지 못하고 돌아서는 경찰들에게 나무는 필사의 힘을 다해 말하려 애쓴다. 이파리를 떨어뜨리면 둥치가 드러나서 그 안에 있는 증거를 보여 줄 수 있지만, 지금은 낙엽을 떨구는 가을이 아니다. 하지만 나무는 온 힘을 다해 이파리를 떨구어 결정적 단서를 찾게 해준다. 이 노력은 헛되지 않았다. 나무의 바람대로 경찰들은 드러난 둥치 안에서 소녀의 피가 묻은 살해자의 머리칼을 찾게 되어 범인의 물증을 확보한다. 소녀와의 우정을 나무는 끝내 지켜낸 것이다. 말하지 못하는 무기력해 보이는 나무이지만, 온 힘을 다해 소녀와의 우정을 지켜낸 감동에 마음이 찡하다.

우리가 잘 아는 소설 『아낌없이 주는 나무』 또한 소년에게 모든 것을 준 나무 이야기이다.[18] 한 소년이 자라서 어른이 되고 노인이 될 때까지 소년과 함께한 사과나무의 이야기이다. 나뭇잎을 주워 왕관을 만들어 쓰던 소년은 좀 커서는 숨바꼭질도 하고 나무와 어울려 놀지만, 어른이 되면서는 필요한 것이 많아진다. 그래서 나무는 소년이 돈을 마련할 수 있도록 사과를, 집을 지을 수 있는 가지를, 배를 만들 수 있는 몸통을 기꺼이 내어 준다.

소년은 필요할 때만 나무에게 와서 자신의 욕구를 채우고는 매번 떠나버린다. 소년이 가고 나면 나무는 외로워지지만 그래도 나무는 여전히 소년에게 자신의 모든 것을 준다. 그러고는 노인이 되어 더 이상 아무것도 할 수 없는 소년에게, 마지막 남은 자신의 지친 밑동을 쉼터로 내어준다.

이 소설은 인간과 나무 사이를 정확히 꿰뚫고 있다. 소설을 읽는 우리의 감성은 소년에게서 나무에게로 이입되고 나무의 심정이 된다. 소년을 정말로 사랑하고 아낀 나무, 소년이 무엇이 필요한지 먼저 생각해 준 나무, 소년에게 있어야 할 것을 선뜻 내어 준 나무, 긴긴 세월 소년을 기다린 나무, 모든 것을 다 주고 마지막 남은 등걸을 소년에게 내어주는 나무! 나무는 마치 어머니와도 같다. 긴 세월 자식의 둥치가 되고 그늘이 되고 피난처가 되고 양식이 되고 집이 되고 배가 되고 그루터기가 되는 어머니! 그래서 예로부터 나무는 여성을 상징했는지도 모르겠다.[19]

왜 하필 사과나무였을까? 사과는 열매 중에서도 최고의 과실로 꼽힌다. "하루에 사과 하나를 먹으면 의사를 멀리하게 된다."는 영국 속담이 있을 정도로 건강에 좋다. 미국에는 조니 애플씨드Johnny Appleseed라는 별명의 존 채프먼John Chapman이라는 전설적인 인물이 있다.[20] 그는 오하이오 강을 따라 사과를 여러 대륙에 전파한 사과전도사이다. 그의 전설적 이야기는 전기로 남겨져 있다. '눈 속의 사과the apple of the eye'라는 말은 문자 그대로 '눈에 넣어도 아프지 않을 사과'라는 뜻인데, 사람들이 사과를 얼마나 소중하게 생각했는가를 보여준다.

"내일 지구의 종말이 와도 나는 한 그루의 사과나무를 심겠다."라는 유명한 말도 있다.[21] 한 그루 사과나무를 심는 것은 운명에 묵묵하며 자신의 일에 전념하는 것이다. 이 명언을 남긴 사람이 종교개혁가 루터라는 말도 있고 철학자 스피노자라는 설도 있는데, 사과나무가 자라서 열매를 주기까지는 많은 세월이 걸리므로 이 말을 남긴 이가 누구이든 간에 자신이 먹으려고 사과나무를 심겠다고 하지는 않았을 것이다. 그 열매를 먹을 수 있는 것은 뒤에 오는 세대이다. 그래서 사과나무는 미래로 이어지는 끊이지 않는 희망을 뜻하기도 한다.

생명의 근원

나무가, 식물이 아낌없이 준다는 것은 무엇을 의미할까? 무성한 나뭇가지들은 쉴 수 있는 그늘을 주고 커다란 둥치는 동물들의 안식처를 제공한다. 인간도 마찬가지다. 원시인들은 맹수의 습격을 피해 나무 위로 몸을 숨겼을 것이다. 초등학생 때 학교 독서실에서 어두워질 때까지 타잔 이야기에 빠져 있곤 했다. 자연에서 자라난 타잔에게는 큰 나뭇가지가 바로 삶의 터전이고 안식처였다.

나무가 주는 것들은 많은 사람들이 참으로 오랜 시간에 걸쳐 이야기했다. 가지, 그늘, 쉼터와 안식처, 열매. 나무들의 활발한 생명력은 온 지구에 빛을 준다. 나무들은 숲을 싹트게 하고 계절을 낳고 자연에 수액을 공급하고 미풍을 불러온다. 나무는 다른 생명체의 생존에 기여하지만 특별히 인간에게 많은 것들을 제공한다.

공기와 물, 꽃과 열매, 건강한 흙, 약재 등 나무와 식물이 우리에게 주는 것은 일일이 다 말할 수도 없을 지경이다. 게다가 그것들이 얼마나 우리 생명에 꼭 필요한 지는 두말하면 잔소리가 된다. 나무와 식물은 지구상 모든 생물에게 산소와 적당한 수분, 깨끗한 공기를 준다. 모두 생명체가 살아가는 데 일차적으로 중요한 것들이다.

식물이 주는 1차 식량에 주목하자. 식물은 광합성 공장을 가동하여 무기물을 유기물로 바꾸어 놓는 마법사이다. 그러고는 이파리든 뿌리든 줄기든 열매이든 간에 가진 모든 것을 다 털어서 생물들에게 풍성한 밥상을 차려 준다. 곤충들, 새들, 동물들, 인간 할 것 없이 식물의 식탁에서 배를 채운다.

식물과 나무는 지상의 모든 생명체의 근원이다.[22] 10억 년 전부터 식물들은 지구에 산소를 만들어 주었다. 나무들이 광합성을 하는 과정에서 이산화탄소를 가져가고 산소를 내어 놓는 것이다. 동물들은 숨 쉴 때 산소를 필요로 하기 때문에, 식물들이 만드는 산소를 생명의 원천으로 소중하게 사용한다. 또 온 지구를 뒤덮고 있는 식물이 뿜어내는 산소 덕분에 대기 중의 산소 비율은 증가하며 화학작용이 빨리 진행되고 지구상의 모든 성장이 가속화된다. 동물의 근육이 발달하고 썩어가는 물질들이 신속히 분해되고 살아있는 생물들은 영양분을 얻는다. 지구의 역사에서 식물이 제공하는 산소는 생태계의 변화를 가져오고 진화를 가속화시켰다.

식물은 이파리 아랫면의 기공으로 숨을 쉬는데, 깊은 땅속에서 수압을 이용해 물을 쭉쭉 빨아올린 다음, 숨을 내쉴 때 이를 뿜어낸다.

다 자란 미루나무는 여름 대낮에 한 시간 동안 약 400리터나 되는 어마어마한 물을 뿜어낸다. 거대한 자연 가습기이다. 우리가 나무 아래나 숲 속에서 시원하게 느끼는 것은 단지 그늘 때문만이 아니라 나무가 뿜어내는 이 엄청난 습기 덕분이다. 식물은 이렇게 대기를 촉촉이 해주고 구름을 만들어 더운 여름 한줄기 시원한 비를 뿌리게 해준다. 숲의 나무들은 호흡을 통해 물을 공기 중으로 내보내고, 이 수증기로 인해 구름이 만들어진다. 구름은 지구 곳곳을 떠다니며 구석구석 비를 뿌린다. 비가 내리면 나뭇잎에 매달린 빗물들은 다시 증발되어 수증기가 된다.

생태계가 유지되려면 물이 꼭 필요한데, 숲의 땅 밑은 대형저장창고이다.[23] 나무의 물탱크가 꽉 차더라도 남은 빗물은 서서히 몇 년에 걸쳐 조금씩 더 깊은 층으로 스며든다. 이 물이 다시 지상으로 올라오는 데는 몇십 년이 걸릴 수도 있다. 그래서 가뭄이 들어도 숲의 샘에서는 물이 솟아날 수 있다. 그 속에는 차가운 물을 좋아하는 참동굴우렁이가 있는데 뜨거운 여름에는 식물의 이파리를 지붕 삼아 더위를 피해 산다.

샘물뿐 아니라 시냇물도 나무가 관리하는 영역이다. 시냇물의 적절한 온도도 나뭇잎들이 유지해 준다. 시냇물이 따뜻해지면 산소가 달아나고 너무 차가워지면 그 안에서 생물이 얼어 죽는다. 나무는 겨울에는 시냇물에 열기를 불어넣어 주고, 따뜻해지면 이파리를 드리워 그늘을 만들어준다. 여기에는 올챙이나 도롱뇽 유충이 깃들어 산다.

나무는 동물들에게 인기 좋은 집터이기도 하다.[24] 오래된 나무의 굵은 줄기는 새, 담비, 박쥐들이 좋아한다. 딱따구리가 첫 번째 건축가가 되는 경우가 많다. 딱따구리는 줄기에 구멍을 내어 집을 짓는데 여러 개의 방을 만들어 용도별로 사용한다. 그러다가 방 크기가 너무 커지면 딱따구리는 떠나고 자기 힘으로는 집을 못 짓는 동고비가 이사를 온다. 동고비는 너무 커진 입구를 찰흙으로 메우고 산다.

부엉이도 딱따구리가 지은 집을 좋아한다. 덩치 큰 부엉이는 방들이 썩어서 크기가 더 커지거나 각 방들이 서로 뚫려서 아주 큰 거실이 만들어질 때까지 몇 년 기다렸다가 입주한다. 새들이 나무에 깃들어 살면 공짜 보안시스템에 가입한 효과가 있다. 나무의 섬유는 소리를 잘 전달해서* 나무의 울림 덕분에 적의 침입을 금방 알아채고 새끼들을 보호할 수 있기 때문이다.

우리가 잘 볼 수 없는 나무 꼭대기에도 수많은 생물이 모여 산다. 600년된 고목에 독한 살충제를 뿌린 후에 죽어 떨어진 곤충들을 살펴보니 무려 257종의 2,041마리나 되었다는 보고가 있다. 수관**에는 작은 웅덩이가 생기기도 하는데 여기에는 모기 유충이 살고 희귀한 딱정벌레가 이 유충을 먹으러 온다.

나무들은 죽어서도 많은 생물들을 보듬어 키워낸다.[25] 쓰러져 시냇물을 가로막은 큰 나무는 작은 댐의 역할을 하여 냇물을 모아놓고는 거센 물결을 견디기 힘들어하는 작은 생물을 안아준다. 작은 도마뱀처럼 생긴 도롱뇽 유충은 이 속에서 갑각류를 잡아먹으며 자란다. 엄

* 악기를 나무로 만든다
** 나무의 가지와 잎이 달려 있는 부분

마나무가 땅으로 쓰러지면 그 줄기와 뿌리 주변에 유럽사슴벌레 유충이나 소나무잔나비버섯 같은 아주 느릿느릿 자라는 종류들이 와서는 썩어가는 나무섬유를 느긋하게 먹고산다. 식물 및 동물종의 약 1/5이 죽은 나무에 의지해 살아가는 것으로 알려졌다. 알려진 종만 해도 6,000여 종이나 된다.

필요하면 가져가

식물은 우리의 의식주를 몽땅 책임져 준다. 먹을 것은 물론이거니와 집을 지을 수 있는 목재를 제공하며 섬유의 원료도 준다. 백마상포, 사紗, 레이스 등 사치스러운 직물들은 아마의 껍질에서 만든 섬유로 짠 것이다. 좀 더 튼튼하고 실용적인 천들은 대마에서 나오는 섬유로 만든다. 목화는 열매에서 면의 원료를 채취한다. 타잔은 나무 위에 집을 짓고 열매를 따먹고 살았다. 에덴동산의 첫 인간 부부가 나뭇잎으로 몸을 가린 것을 잊지 말자.

또한 식물은 의사이기도 하다. 병이 생겼을 때 낫게 해주는 약재도 준다. 식물은 약품을 제조하고 보관하는 제약공장 구실도 한다.[26] 식물은 자신만이 아니라 다른 생물들의 질병에도 사용할 수 있을 만큼의 충분한 화학물질을 만들어 분비해 준다. 인심 좋은 약 공장이다. 식물의 화학물질은 다른 생물들에게 아주 유용하게 사용된다. 탈피에 필요한 물질을 식물에게서 가져다 쓰기도 한다.[27] 어떤 초파리들은 각각 사와로선인장과 세니타선인장의 신세를 진다. 식물에서 채취한 물질로 공격용 무기를 만들어 잘 쓰는 곤충도 있다.[28] 잎벌은 자신이 살고 있는 소나무에서 테르펜을 모아 재결합한 다음 포식자들을 향해 쏘아대며, 메뚜기도 식물화합물을 잘 섞어서 강력한 방제용 스프레이를 만들어 사용한다.

사람들도 이들 동물들처럼 식물을 약으로 쓴다.[29] 6만 년 전 네안데르탈인들의 무덤에서도 약초가 발견되었다. 식물 10종 중에 1종은 항암작용을 하는 화합물을 함유하고 있다고 한다. 인류는 8만 가지 이상의 식물들을 일상적으로 이용했다. 통째로 먹거나 달여 먹거나 차로 우려내어 마시거나 피부에 바르거나 하여 식물을 약으로 활용하여 왔다. 육계나무로는 한약재인 계피를 만들고, 키나나무는 말라리아의 특효약인 키니네의 원료가 된다. 아프리카의 마사이부족은 평소에 키나나무 삶은 물을 마셔 말라리아모기를 쫓는다고 한다.[30] 캐나다 단풍나무의 메이플 시럽에는 항산화제가 들어 있고 우리나라의 고로쇠나무 수액은 뼈 건강에 좋다. 옻나무 껍질은 어혈을 풀어주고 살균작용이 뛰어나다.

서인도제도의 토착종인 로지 페리윙클Rosy Periwinkle은 꽃잎이 다섯 장인 예쁜 꽃을 피우는 식물이다.[31] 이 식물은 급성 림프구성 백혈병 증상과 림프계의 암인 호지킨병 증상을 치유하는 두 종류의 알칼로이드*를 함유하고 있다. 인도사목Indian Serpentine Root이라는 야생종의 레세

* 빈크리스틴(vincristine)과 빈블라스틴(vinblastine)

핀은 고혈압과 정신분열증을 완화하는 데 사용되는 정신 안정제의 주요 성분이다.

식물은 독도 많이 가지고 있다.[32] 소크라테스의 목숨을 앗아간 독미나리나 아프리카 서부의 치명적인 칼라바르콩, 그리고 아주까리 씨앗 같은 것이다. 아주까리씨에는 '리신'이라는 물질이 있는데 이는 살아있는 세포에 침투하여 세포를 파괴하는 능력이 있다. 하지만 이런 독성은 적당량을 잘 활용하면 오히려 심각한 병의 약이 될 수 있다. 그런 강력한 힘 때문에 리신은 암세포를 파괴하는 치료제로 연구되고 있다. 식물의 열매에서 추출한 성분들은 파킨슨병살갈퀴와 벨벳콩에서부터 HIV검은콩, 미국자리공, 알츠하이머병칼라바르콩, 간염밀크씨슬, 하지정맥류칠엽수, 건선아미초, 심장마비덩굴 협죽도에 이르기까지 모든 병의 치료에서 일정한 역할을 담당하고 있다.*

이처럼 아주 오랜 세월 동안 식물들은 인간과 지상의 모든 생명체들에게 많은 도움을 주어왔다. 사람들은 식물이 만들어낸 약품들을 냉큼 가져다 쓴다. 별로 고마워하지도 않고 당연하게 말이다. 이렇게 우리들이 그들이 만든 성분들을 가져다가 쓸 수 있는 것은 식물들이 자신의 건강에 필요한 것보다 많은 양의 화학물질을 만들어 내기 때문이다.[33] 이런 화학물질은 식물 군락과 생태계의 건강을 지켜준다. 식물 군락 구성원 중 하나가 병에 걸리면 식물들은 이를 감지하고 치료에 필요한 화학물질을 제공해 준다. 그런가 하면 화학적 신호를 보

---

* 리신과 마찬가지로 이들 화합물 중에는 독극물과 치료제 양쪽 모두로 쓰이는 것이 많다.

내서 아픈 동물이나 곤충들을 불러들여 치료해 주는 착한 식물들도 있다.

즐겁게 행복하게

심각한 약 이야기는 그만하고 우리를 행복하게 해주는 마력을 지닌 열매들로 관심을 돌려보자.[34] 식물의 잘 익은 열매는 색깔도 좋고 향기도 일품이다. 에덴동산에서 아담과 하와가 먹은 열매가 정말 사과였는지는 모르지만, 중요한 것은 인간의 타락과 불행이 식물의 열매로부터 시작되었다는 점이다. 선악을 알게 하는 나무의 열매는 인간을 낙원에서 땅으로 추방하였다.

지금도 인간은 열매를 얻으러 이동한다. 대형마켓이나 특산물의 산지로 장보러 가지 않는가? 칼라하리 사막에 사는 부족은 이동 경로와 계절에 따른 야영지를 정할 때 차마멜론Tsamma melon을 구할 수 있는 가능성을 우선으로 한다. 과거 웨스턴 사막에 살던 호주 원주민도 무화과와 야생토마토를 기준으로 이동했다. 동물도 마찬가지이다. 아프리카코끼리는 자기가 좋아하는 비터바크나 마룰라를 찾으러 몇 킬로미터나 걸어간다.

우리나라 사람들이 오랫동안 즐겨온 열매라면 단연 고추가 꼽힐 것이다. 15세기 말에 콜럼버스가 신대륙에서 챙겨온 고추는 서구에서 향신료로 사랑받아왔다. 매운 맛을 담당하는 것은 캡사이신 성분이다. 식물이 이 성분을 만든 것은 포식자에 대한 화학적 방어를 위한 것이다. 대개 강우량이 많은 지역의 고추가 더 매운데, 습한 숲 지대에는 고추를 노리는 곤충이 더 많은 까닭이다. 하지만 우리는 피곤하거나 우울할 때 고추가 들어간 매운 음식을 즐긴다. 먹으면 기분이 좋고 개운해지는 것은 이 안에 흥분제, 진통제 성분이 들어 있는 탓이다.

많은 사람들이 세계적으로 즐기는 커피는 아프리카의 작은 나무 씨앗이다. 커피콩은 세계 무역량 2위를 자랑하는데, 지구촌 사람들은 이 콩을 사서 갈고 우리고 마시는 일을 매일 의식처럼 치른다. 우리가 커피에 연연하는 것은 알고 보면 카페인 성분 때문인데, 이 성분 또한 커피나무가 자신에게 달려드는 민달팽이나 박각시벌레, 나무좀과 딱정벌레를 물리치려고 만들어 낸 화합물이다. 초기에 카페인은 천연살충제로 알려졌다.[*] 카페인의 각성 기능 덕분에 커피는 '정신을 차리게 해주는 멋진 음료'로 도입되어 사람들은 모닝 커피로 하루를 시작하게 되었다.

커피는 도회지에서 일하는 사람들의 맑은 정신과 높은 생산성에 기여해 주었다.[**] 지금까지도 건강에 도움을 주는 커피의 효용에 대한 연구가 매일 업그레이드되는 것은 커피의 성분이 최소한 800개는 되기 때문이다. 18세기에 커피는 사회적·문화적인 역할을 담당했고, 커피전문점은 지성인들의 대화와 만남의 거점이 되었다. 지금도 사람들은 카페에서 친구를 만나고 함께 공부하고 게임을 하고 업무를 본다.

달콤한 열매는 우리를 즐겁게 한다. 몸과 마음에 피로가 고일 때 우

---

[*] 특히 모기가 카페인에 민감하다고 주목했다.
[**] 단 키가 크기를 원하는 미성년자들에게 커피는 금물이다. 카페인이 성장을 방해하므로.

리는 달달한 것을 찾는다. 카카오 열매가 주성분인 초콜릿은 우리를 행복으로 이끄는 먹거리이다. 로알드 달의 동화를 영화로 만든 〈찰리와 초콜릿 공장²⁰⁰⁵〉이 단지 아이들만을 위한 작품일까?[35] 가난하지만 착한 소년 찰리가 행운의 '황금 초대장'을 얻고 초콜릿 공장으로 떠나는 모험에는 갖가지 교훈도 담겨 있다. 하지만 이 풍성한 초콜릿의 향연은 보는 모든 이들을 행복하게 해준다.

초콜릿의 주성분은 남부 멕시코, 중미, 아마존 숲이 원산지인 카카오 콩이다. 카카오나무는 그늘을 좋아하는 작은 나무로, 카카오 열매는 오렌지색, 자주색, 연노랑색, 진한 분홍색 등 여러 가지 색깔을 가진 호리병 박처럼 생겼다. 이 나무의 속명은 '신의 음식'이란 뜻을 가지고 있다고 한다. 전 세계 초콜릿 판매량이 연간 1천억 달러가 넘는 것을 보면 카카오 콩이 얼마나 많은 사람들의 즐거움과 행복에 기여하는지 알 수 있다.

세계에서 가장 큰 씨앗의 하나인 코코넛도 우리를 즐겁게 해주는 식물이다. 코코넛 열매는 물 위에 둥 떠서 최소한 석 달 이상 살아갈 수 있으며 바람과 해류를 타고 수백에서 수천 킬로미터나 이동할 수 있다. 그래서인지 전 세계에 걸쳐 자라는데 어디가 원산지인지 확실하게 알지 못한다. 고소하고 시원한 과즙은 항상 인기이고, 흰색의 단단한 과육은 초코바와 크림파이의 재료이며 과육의 즙은 코코넛 우유가 된다.

또 과육을 가공하면 코코넛 기름을 만들 수 있는데 이 기름은 세계적으로 가장 많이 쓰이는 기름 중 하나로서, 마가린에서부터 자외선 차단 크림에 이르기까지 공통 첨가제로 사용된다. 말레이시아 사람들은 이 나무를 '천 가지 용도의 나무'라고 부르고 필리핀 일부 지역에서는 '생명의 나무'로 불리기도 하니, 이 식물이 얼마나 유용한지 알수 있다. 이처럼 식물은 다양하고 풍성한 열매로 우리의 몸과 마음을 행복하게 해준다.

따라 해보기

식물들이 자신의 삶을 지속하면서 끊임없이 다른 생명체들을 챙겨주고 도와주는 것은 경이롭다. 그들은 지구상에 산소를 공급해 준다. 아름드리나무들은 그 둥치 안에 형형색색의 생명체들을 보듬고 있다. 새들, 벌레들, 작은 식물들이 그 안에 깃든다. 인간도 나무의 수혜자이다. 원시시대부터 지금까지, 미미한 곤충부터 인간까지, 식물에게서 모든 것을 얻어간다. 모두 식물에게 엄청난 빚을 지고 산다.

나무와 식물은 어디에나 흔하다. 큰길에도 심어져 있고 거리의 주차장 옆에도 있고 화분에 담겨서 카페 안에도 들어와 있고 허름한 건물 지하계단 모퉁이에도 있다. 눈 돌리면 보이는 것이 나무이고 식물들이다. 우리는 이들을 아주 무심하게, 마치 집에 가면 나를 늘 기다려주시는 어머니처럼 그렇게 보아 넘긴다. 식물들이, 나무들이, 얼마나 소중한 존재인지, 얼마나 믿음직한지, 얼마나 고마운지는 그들이 없어져 보아야 겨우 알게 될 것이다.

그들은 지구의 가장 낮고 누추한 곳에서 생명을 영위하면서 생명체들이 살 수 있도록 지구 환경을 바꾸어 주고, 지구 생명체들에게 자신의 모든 것을 내어 준다. 뿌리, 가지, 잎, 열매, 꽃, 수액, 그 어느 것도 쓸모없는 것이 없다. 우리는 철없는 소년처럼 식물을 즐긴다. 하지만 '말 없는 친구'인 그는 결코 우리를 배신하지 않는다.

어떻게 식물은 생명체들에게 그토록 엄청난 것들을 줄 수 있을까? 우리는 혼자만의 삶을 영위하기도 허덕거리고 지치는데 말이다. 그 능력은 어디에서 오는 것일까? 그들은 무無에서 유有를 만들고 쓸모없는 것들을 유용하게 바꾸는 신기한 재주를 가졌다. 식물은 혼자서 그 일을 멋지게 해낼 수 있다. 무기력해 보이지만 엄청난 초능력자이다. 식물에게는 모든 것이 풍부하다. 그러니까 자기가 충분히 쓰고 누리고도 나누어줄 여유가 있다. 우리도 그렇게 넉넉하게 살 수 없을까?

식물처럼, 나무처럼 산 분이라면 가까이에서는 어머니를 떠올릴 수 있다. 모든 어머니들은 위대하다. 자기 생명의 일부를 자식에게 주고 그 과정에서 자신의 생명을 자식의 것과 맞바꾸기도 한다. 그리고 자신의 삶이 끝나는 순간까지 주고 주고 또 준다. 자식을 향한 무한 애프터서비스를 제공한다. 조금 멀리로 눈을 돌리면 각박하고 삭막한 인류역사에서 한 줄기 빛을 주는 성인들이 있다. 종교 창시자이기도 한 이분들은 자신의 삶과 목숨까지도 사람들을 위해 다 내어준 분들이다. 이분들은 너무 까마득해서 올려다보기도 힘들다.

우리 주변에서 작은 선행을 베푸는 분들이 있다. 양로원에서 미용봉사를 하는 분, 김치와 밑반찬으로 고아원을 방문하는 분, 소외된

이들에게 지식나눔과 의료봉사를 하는 분들……. 얼마 전 텔레비전에서 〈100원 아저씨〉 이야기를 보았다. 7년간 혼자 사는 할머니들에게 매일매일 100원짜리 동전 하나씩을 하루도 빠짐없이 주고 가는 아저씨 이야기이다.

늙수그레한 이 분은 집에서 도시락을 손수 싸가지고 역에서 노숙하는 이들에게 챙겨 먹인다. 또 빵을 사서 굶는 이들에게 나누어 주기도 한다. 프로그램 관계자가 이 분에게 다가가 많은 것을 물었지만, 자신의 형제들이 장애로 병으로 아픔을 당해서 작은 나눔을 하게 되었다는 것을 담담히 말할 뿐, 자신의 선행이 알려지는 것을 원치 않았다.

이런 작은 연민과 나눔이 살아가는 힘이 아닐까? 우리도 마찬가지이다. 식물처럼 무기물을 유기물로 바꾸는 재주는 없어도 내가 가진 부정적 자원들을 긍정적 열매로 바꿀 수는 있다. 나의 능력으로 내 주위의 공기를 깨끗하고 풍부하게 하고 대기를 촉촉하게 해주며 땅을 윤택하게 만들 수 있는 것이다. 더 자라면 그늘을 드리우고 열매를 맺어서 나를 찾는 사람들을 행복하게 해 줄 수 있다.

한 사람일 수도 있고 여럿일 수도 있고 아주 많은 사람들일 수도 있다. 잠시일 수도 있고 아주 오랫동안일 수도 있다. 아낌없이 모든 것을 다 주진 못할지라도 내가 가진 것을 조금이라도 나눈다면 멋지고 아름다운 삶이 아닐까? 누군가의 '보리수', '사과나무', '말 없는 친구'가 될 수 있다면 그것이 식물처럼, 나무처럼 사는 것이 아닐까?

향연의 합주

풍성한 잔치를 보라

'먼 곳의 그대'를 위한

전채요리, 메인요리, 후식들

손님은 누구든 환영이다

바람도 좋고 곤충도 좋고 동물도, 인간도 좋다

자연이란 널따란 식탁에서 벌어지는

향연의 합주

소문 없는 잔치

봄에 피는 꽃들은 화려하다. 우리 가슴을 설레게 한다. 그래서 봄바람 탄다는 말도 있다. 꽃가루의 향연도 엄청나다. 개나리, 진달래, 철쭉, 배꽃, 복숭아꽃들이 활짝 핀 거리에 세찬 바람이 휙 부는 걸 본적이 있다. 바람에 꽃잎들이 우수수 날려서 단번에 꽃비가 내리는 것이다. 노란 개나리 꽃비가 한바탕 거리를 쓸고 지나갈 때 그 황홀함에 넋이 빠져서 정신을 잠시 잃었다. 봄바람은 시샘이 많은 것 같다. 오랜 시간 기다린 봄꽃들이 자태를 뽐낼 시간을 많이 주지 않는다. 거센 바람과 비는 꽃들을 땅에 떨구고 우리를 행복하게 해준 꽃들은 내년을 기약하곤 자리를 뜬다.

하지만 이것은 인간의 착각이다. 우리가 꽃나무를 심었을지는 몰라도 꽃의 진짜 임무는 우리를 기쁘게 해주는 것이 아니니까. 꽃들은 서둘러 자기 일을 마치고 자연의 순환으로 들어갈 뿐이다. 그 임무는 바로 그들의 사랑이고 그들의 혼인이다. 그것을 수분이라고 하는데, 수술의 꽃가루가 암술머리에 붙는 것이다.* 이 일을 할 중매쟁이를 불러들이려고 꽃들은 앞다투어 아름답게 피어난다. 벌이나 나비 같은 곤충들이 충실하게 그들을 혼인시켜 주면 꽃은 미련 없이 사라진다. 그래서 바람이 중매쟁이인 꽃들은 결코 예쁘지도 향기가 있지도 않다. 그럴 필요가 없는 것이다.

---

* 수정은 수분된 꽃가루가 발아하여 꽃가루관을 만들고 암술대의 씨방까지 뻗어 내려가 배낭에서 이루어진다.

우리 인간은, 아니 지구상의 모든 생명체는 이러한 꽃들을 무심히 보아 넘겨서는 안 된다. 풍매화이든 충매화이든 꽃이 피어나지 않으면 동물들은 살지 못한다. 바람에 의해서든 다른 생물에 의해서든 꽃들이 혼인하지 못한다면 지구상의 먹을거리는 사라진다.* 그래서 생물들이 본능적으로 꽃을 좋아하는지도 모르겠다.

꽃들은 향기와 색깔로 자신의 존재를 우리들에게 알리고, 인간과 동물들은 꽃이 있는 곳이면 어디든지 달려간다.[36] 식물들의 목표는 자기 후손을 보다 많이 세상에 퍼뜨리는 것이고 이를 위해 동물들을 유혹하여 이용한다. 꽃은 꿀벌을 조종하여 자기 꽃가루를 옮기게 하고, 감자는 인간을 활용하여 자기 자식들을 세상에 퍼뜨린다.

크리스티안 슈프렝겔Christian Konrad Sprengel은 곤충이 꽃의 수분에 기여한다는 사실을 처음으로 알아내었다.[37] 그는 꿀이 곤충을 위한 배려이며 대부분의 꽃이 특별한 선이나 얼룩 또는 점으로 된 무늬를 갖는 것은 그곳에 '꿀이 있다'는 표시임을 밝혔다. 꽃들은 곤충이 쉽게 내려앉을 수 있는 장소를 만들어 두고, 물망초의 노란 띠와 같이 꿀샘으로 가는 길도 친절하게 표시해 둔다.

꽃들은 향기를 만들어 동물들에게 자신의 존재를 알린다. 어떤 꽃은 우리 입장에서는 악취를 내기도 하는데 그것은 자신의 중매쟁이가 그런 냄새를 좋아하기 때문이다. 똥파리가 수분매개자인 꽃은 당연히 똥 냄새를 풍겨야 한다. 이를 보면 향기나 악취는 인간의 코가 분류한

---

* 물론 꽃을 피우지 않고 몸의 일부가 떨어져 나가 새로운 개체가 되는 영양 번식하는 식물들도 있다.

것이지 꽃과 식물에게 해당되는 것은 아니다. 재미있는 것은 꽃들은 향기를 아무 때나 풍기지 않는다는 점이다. 꽃향기의 기본은 그들의 수분매개동물이 가장 활발히 움직이는 시간이다. 그래서 꽃향기는 시간에 따라 종류에 따라 강도가 다르다. 보통은 한낮이 가장 강하지만 밤에 피는 꽃들은 밤에 향기를 발산한다.

이렇게 식물은 동물의 욕망을 활용하여 번성하게 되었다. 현명한 식물들은 자기를 혼인시켜 주는 동물에 적합한 모습과 향기와 습관을 갖추고 있다. 꽃은 중매쟁이들이 수분에 충분한 시간을 쓸 수 있도록 모양을 바꾸고 구조도 변경했다. 특히 자신을 수분해 줄 동물에 따라 형태나 향기, 색깔이 특화되어 왔다.[38] 식물의 진화는 이처럼 다른 종을 유혹하면서 진행되었다. 자연선택은 꽃이나 열매를 가진 식물의 편을 들어 주었다. 다른 생물체의 욕망을 충족시켜주는 식물이 살아남고 번성하게 되었다.

유혹과 생존의 문제에서 인간은 어떨까? 꼭 자신의 짝이 아니어도, 꼭 필요한 때가 아니어도 외관을 꾸미고 짙은 향기를 아무 때나 풍긴다.* 생존과 보존의 이유가 아니더라도 아무 데서나 아무한테나 향기를 과도하게 풍기고 다닌다. 이렇게 향기와 외관에 서로 공을 들이며 욕망을 키우다가 생식과 보존이라는 생명의 기본 원칙은 망각한 채, 치정에 얽혀 자기 생명조차 지키지 못하는 경우도 많다.

....

* 외모나 향기는 이제 더 이상 여성이나 남성, 어떤 특정 성(性)의 소유가 아니다.

동물과의 합주

식물은 처음에는 바람을 통해 수분을 했는데, 그러기 위해서는 어마어마한 양의 꽃가루를 만들어 날려 보내야 했다. 성공률도 만족할 만한 것은 아니었다. 봄에 호수나 강이 꽃가루로 온통 노랗게 덮여 있는 것을 보면 알 수 있다. 하지만 동물을 활용하면 에너지를 아낄 수 있다. 그래서 종잡을 수 없는 바람 대신 날개 달린 곤충을 이용하는 것으로 방식을 바꾸었다. 이것이 더 경제적인 방법이기도 했다.[39] 이제 꽃은 멀리 있는 곤충의 눈에도 확 띌 수 있는 색깔과 형태를 갖추게 되었고, 식물은 곤충을 유혹해 불러들일 수 있는 아름답고 화려하며 향기 좋은 꽃들을 피우게 되었다.

꽃을 피운 뒤에 씨를 안으로 맺는 식물을 현화식물 또는 속씨식물이라 하는데, 약 1억 년 전에 나타난 이 속씨식물은 빠른 속도로 지구 전체에 퍼져 나갔다.[40] 이제 식물은 자기 유전자를 퍼뜨리기 위하여 변덕이 심한 바람이나 물보다는 동물의 도움을 받게 되었다.* 식물은 동물에게 먹을 것을 제공하고 동물은 식물의 유전자를 먼 곳으로 퍼뜨려 주는 상호계약이 이루어지면서 세상은 급속도로 달라졌다.

식물들은 수천가지나 되는 다양한 방법으로 동물들이 자기 유전자를 다른 장소로 옮기도록 만들었다.[41] 지구상에는 꽃가루 매개체들이 수십만 종이나 되는데, 전문가들이 찾아낸 종류는 그 중에서 6%도

---

* 이것은 다 꽃이 있어서 가능했다.

안 된다고 한다. 꽃들의 혼인을 꽃가루받이 또는 수분이라 하는데, 이에 동원되는 종들은 다양하다. 꿀벌뿐 아니라 딱정벌레, 나방, 파리, 모기, 벌새도 열심이다.

그뿐인가? 얼굴이 뾰족하고 몸길이의 절반이나 되는 긴 혀를 가진 넥타박쥐도 이 일에 뛰어들고, 심지어는 나무를 잘 타는 꿀주머니쥐나 도마뱀붙이 등도 한몫한다. 포유류들도 300여 종이나 동원된다. 산들거리는 바람까지도 이 일을 하니 식물들의 혼인은 지구상 초유의 관심거리라고 할 만하다.

제일 대표적인 수분매개자는 역시 벌과 나비이다. 벌이나 나비들은 한 번 찾아갔던 꽃을 종일 찾아다니는 습성이 있다. 우리가 단골가게를 정해두고 자주 이용하는 것과도 같다. 식물의 입장에서는 이들을 매개체로 이용한다면 화분^{꽃가루}을 훨씬 적게 만들어도 되고 꿀의 손실도 줄일 수 있다.

생물학자들은 꽃의 모양과 색깔, 향기를 가지고 중매쟁이들을 알아맞힌다. 꽃들은 벌을 위해서는 노랑이나 파랑색 꽃잎에 꿀을 찾기 쉽게 '꿀안내선'을 그려놓았다. 나비를 위해서는 대롱 같은 긴 주둥이에 적합하게 좁고 깊은 곳에 꿀을 꽁꽁 숨겨두었다. 나방과 나비는 냄새를 잘 맡아서 이들에 의해 수분되는 꽃들은 대체로 달콤한 향기를 가진다. 하지만 파리에 의해 수분되는 많은 꽃들은 썩은 고기 냄새를 풍기는 붉은 꽃이다.

개미를 기다리는 식물들은 기어 다니는 개미가 불편하지 않도록 나란히 꽃을 피운다. 새에 의해 수분되는 꽃은 크고 튼튼하다. 새는 수분을 위해 자기 몸 크기를 줄였고 한자리에 고정한 채 나는 고난도의 기교를 익혔다. 벌새가 대표적이다. 야행성인 박쥐와 파트너인 꽃은 오후 늦게 기지개를 키고는 꽃을 피운다. 그러고는 밤이 되어야 많은 양의 꿀과 꽃가루를 만든다. 쥐에 의해 수분되는 식물은 쥐들이 쉽게 찾아오도록 덤불의 중심이나 땅 가까이에 꽃을 피운다. 수분매개자들을 만족시키려는 식물들의 노력은 감동적이다. 식물들은 중매쟁이들에게 적합한 구조와 특성을 가지고 아주 다양한 중매쟁이들을 불러들인다.[42]

그런데 중매쟁이가 많은 게 좋을까? 아님 하나인 게 나을까? 잔칫상을 뷔페식으로 차리고 다양한 동물들을 부르는 식물도 있고, 고급스런 단품 메뉴를 개발해서 특정 종만 모시는 식물도 있다. 전문 음식점부터 둘러보자. 꽃가루 매개체가 하나뿐인 식물들이 있다.[43] 지난 4,000만 년 동안 벵갈고무나무를 포함한 700~900종에 이르는 무화과나무들은 그들만의 꽃가루 매개체인 무화과말벌을 통해 가루받이를 해왔다. 이들은 서로 상대가 없이는 생존이 불가능할 정도로 상호 의존적이다.

식물들은 아주 다양한 종류의 휘발성 화학물질을 만드는데, 이들을 활용하여 자신의 꽃가루 매개체만을 유인한다. 이 화학물질들 덕분에 중매쟁이들은 신랑이나 신부로부터 자신이 얼마나 떨어져 있는지 알 수 있다. 중매의 왕인 벌은 약 96킬로미터에 이르는 지역에서까지 이런 화학적 신호들을 파악하고 모든 꽃식물들과 그 위치를 기억해 둔다.

중매쟁이들을 부르는 방식 중에 오프리스 난초^{Ophrys speculum}가 곤충을 유혹하는 법은 특히 재미있다. 이 꽃은 스콜리드 말벌^{Campsoscolia ciliata}의 암컷과 꼭 닮은 꽃을 피우고는 진짜 암컷보다 훨씬 더 강한 향기를 내뿜는다. 결혼사기를 치는 것이다. 수컷은 이 난초를 암컷으로 착각하고 달려들어 사랑을 나눈다. 꽃과 곤충이 사랑을 하다니! 이를 과학자들은 '허위교미'라고 하는데, 아무튼 꽃은 이렇게 자기 목적을 달성한다.[*] 이렇게 속임수를 쓰는 장난꾸러기 난초는 1만 종이 넘는다고 하니 말벌들이 불쌍할 지경이다.

유럽아룸^{Arum maculatum}은 깔때기 모양으로 말려 올라간 꽃차례^{꽃대에 달린 꽃의 배열}가 있고 그 밑에 꽃이 숨어 있다. 입구에는 갈색 막대기 같은 것이 솟아 있는데 꽃이 피면 이 막대기의 온도가 섭씨 40도까지 올라가면서 향을 내뿜는다. 이 향은 인간에게는 악취이지만 나방파리들은 좋아한다. 꽃차례에 닿는 순간 나방파리들은 미끄러져 바닥으로 곤두박질쳐서 암술머리에 꽃가루를 남김없이 발라준다. 그렇게 되면 암술머리가 확 줄어들고 꽃가루주머니가 터져 노란 꽃가루비가 나방파리들에게 쏟아진다. 아침이 되면 지친 나방파리들은 주름 잡힌 꺼끌꺼끌한 깔대기 벽을 기어올라 드디어 탈출을 하고 이제 다른 유럽아룸에 날아가 수분을 해준다. 유럽아룸은 자신의 확실한 첫날밤을 위해 중매쟁이들을 꽤나 혹사시키는 것 같다.

그런데 중매쟁이를 한 가지 종으로 하는 식물은 중매쟁이가 병에

---

* 하지만 말벌이 필요로 하는 꿀과 꽃가루는 제공해 준다.

걸려 죽거나 포식자에게 모두 잡아먹히거나 하면 나중에 혼인을 못하게 될 수도 있다. 이때는 할 수 없이 비상수단을 사용한다. 자가수분*을 하는 것이다. 오프리스 난초의 경우 꽃가루 덩어리가 저절로 아래쪽으로 휘어져서 암술머리에 닿도록 한다.

그래서 대부분의 식물들은 위험을 줄이기 위해 많은 종류의 수분 매개자를 활용한다. 뷔페요리의 명수는 꽃고비과 식물이다.[44] 갖가지 음식을 다 해놓고는 딱정벌레, 나방, 박각시나방, 나비, 나나니벌, 뒤영벌, 파리, 벌새, 박쥐 등 별별 중매쟁이들을 다 불러댄다. 잔칫상도 크고 손님도 많다. 이렇게 많은 종들을 동원하는 데 독신으로 남을 리가 있겠는가? 혼인에 있어서는 문어발 작전의 대가이다.

작은 독주회

현화식물속씨식물이 유성생식만 하는 것은 아니다. 안전을 기하기 위해 유성생식이나 무성생식, 또는 두 가지 방법을 다 활용하여 생식한다. 작물의 경우는 아예 무성생식인 영양생식을 활용한다. 잎, 줄기, 뿌리 같은 영양기관을 이용하여 번식시키는 것이다.** 무성생식은 빠른 기간에 많은 자손을 확실하게 남겨준다. 특정 환경에 아주 잘 적응한 경우에는 굳이 형질을 다양하게 만들 필요가 없고 자신의 유전자를

---

* 한 그루의 식물 안에서 자신의 꽃가루를 자신의 암술머리에 붙이는 것
** 감자의 눈만 도려내어 심으면 눈 하나하나가 각각의 감자가 된다.

그대로 자손에게 전달하는 것이 더 유리하다. 변화와 변신은 삶의 어려운 고비를 헤쳐 나가려는 몸부림의 일환이니까. 식물이 편안하고 안정된 환경에서는 무성생식을 하듯이 인간 또한 마찬가지이다. 인간도 현재 자신의 상황이 만족스러울 때는 굳이 힘든 변화를 꾀하지 않는다.

유성생식은 종자를 만들어 내는 것인데 종자가 싹을 틔우는 과정은 험난하다. 겨우 자라난 어린 이파리들은 해충이나 바람에 의해 금방 죽을 수도 있다. 싹틔우기, 성장, 꽃 피우기, 열매 맺기 등 유성생식하는 식물의 전 생애는 참으로 힘들다. 많은 비용과 노력이 소모되는 과정이다.

하지만 장점이 훨씬 많다. 유전자가 다양하므로 변화하는 환경에 잘 적응한다. 윗대 조상들로부터 살아남은 유익한 유전자들의 조합이므로 질병에도 강하며, 특정 포식자에게 단번에 먹히는 등 멸종될 위험이 적다. 또 멀리 나가 영역을 넓히기도 유리하고 좋은 환경이 될 때까지 생명이 움트는 것^{싹을 틔우는 것}을 유보할 수도 있다. 이처럼 동물이든 식물이든 암·수 양성으로 이루어지는 생식이 여러모로 유리하다.

반면에 무성생식이 계속되면 유전적으로 동일한 개체들이 되므로 질병에 취약하게 된다.[45] 특히 악성 변종이 일어났을 때는 문제가 심각하다. 불량 유전자를 계속 쌍으로 전달하면 어느 순간 모든 개체가 단번에 싹 죽어 없어질 수 있다.* 그래서 식물은 다양성을 확보하기 위해서 특수한 경우가 아니면 최대한 유성생식을 하려고 한다.

....
* 최근 바나나의 멸종위기설은 이와 관련이 있다.

인간 세상에도 혼인을 하고 자손을 두는 사람이 있고 독신으로 지내는 사람이 있다. 요즈음에는 혼인은 하고 아이는 두지 않는 사람도 있고 비혼자가 아이만 갖는 경우도 있다. 한국사회에서 종자로 번식하는 데 드는 비용은 어마어마하다. 자녀 하나를 양육하고 교육하는 데 천문학적 재물이 들어간다. 예전보다 더 고급스럽고 책임 있게 길러내야 해서 그런지는 몰라도 부모들은 엄청난 부담을 이고 산다.

유성생식은 많은 장점을 지니고 있지만 확실히 고비용 프로젝트이다. 우리 동네는 유난히 아이들이 많다. 집 앞은 놀이터이고 집 뒤는 유치원 차 정거장이다. 아침에도 오후에도 저녁나절에도 재잘대는 어린 싹들의 음성이 들린다. 그들의 목소리를 들으면서 혼자 생각해 본다.

저 새싹 하나를 내려고 얼마나 많은 땀과 피가 들었을까? 아이들의 친조부모와 외조부모가 자신의 딸과 아들을 낳아서 키웠고 그들이 자라나 굉장한 확률로 서로를 만났겠지. 수많은 밤을 지새우며 설레고 고민하고 자신들의 혼인을 결정했겠지. 그들의 주위에 많은 경쟁자도 있었고 방해요인도 있었으리라. 하지만 저 예쁜 새싹을 내려고(?) 그들은 혼인했고 이제 새싹들을 키워내고 있다!

그런데 요즈음은 여러 가지 이유로 출산율이 뚝뚝 떨어진다. 정부 차원에서 여러 가지 대책을 세워보지만 식물처럼 인간에게도 유성생식은 만만한 일이 아닌 모양이다. 아기가 생기고 나서부터 부모의 모든 에너지는 아기에게 집중된다. 게다가 서둘러 독립시키는 식물과는 달리 인간은 자신의 종자에게 평생을 바쳐 애프터서비스를 한다.

그에 비하면 무자녀 부부는 훨씬 여유로운 삶을 산다. 요즘에는 맞벌이하며 아이를 갖지 않는 부부인 딩크족dinks도 늘고 있는 추세이다. 비혼자라면 더욱 자유로울 것이다. 최근 연구는 비혼자들이 자기계발에 많은 시간을 쓸 수 있고 부부 사이에서 오는 각종 스트레스에 시달릴 필요가 없어서 더 건강하다고 보고하였다. 자녀에게 쏟는 노력도 생략되니 더 풍성한 자신의 삶을 즐길 수도 있을 것이다.[*] 물론 그들에게도 삶의 위험요소가 있고 불리한 점도 있겠지만 말이다.

식물이 경우에 따라 유성생식과 무성생식을 골라서 하듯이 인간도 자기 의지에 따라 가족을 만들 수도 있고 혼자 살 수도 있을 것이다. 종자를 생산할 수도 있고 안 할 수도 있을 것이다. 식물의 생식과 생존이 환경에 영향을 받듯이, 인간 또한 여러 가지 환경과 조건에 따라 기혼에서 비혼, 비혼에서 기혼으로 자신의 삶을 바꿀 수도 있을 것이다. 잔칫상이야 혼자서 받든 여럿이 받든 자유가 아닌가. 다시 식물 이야기로 돌아가자.

먼 곳의 그대

식물에게 수분은 최대의 과제이다. 유성생식에도 두 가지 방법이 있다. 자가수분과 타가수분이다. 건강한 유전자의 안전한 전달을 위

---

[*] 인류사에서 뚜렷한 업적을 남긴 사람들 중에는 비혼자도 많았다.

해서는 타가수분이 정답이다. 그래서 원칙적으로 자가수분이 되지 않도록 무진 애를 쓴다.* 꽃은 가운데 암술과 가장자리 수술들로 이루어져 있는데 꽃들은 어떻게든 자가수분이 되지 않도록 한다.[46]

여기에는 암술이 수술보다 먼저 성숙하거나 수술이 암술보다 먼저 성숙하거나 하는 방법이 많이 쓰인다.[47] 봉선화는 수술이 먼저 성숙하고는 수술이 떨어져 나간 후에 암술이 자라나기 시작한다. 분홍바늘꽃도 먼저 8개의 수술이 위로 올라와 꽃가루를 내는데, 암술은 수술의 꽃가루주머니가 말라버릴 때쯤 되어야 성숙한다.** 이처럼 암술과 수술이 시차를 두고 성숙하기 때문에 자가수분은 원칙적으로 불가능하다.

하지만 수분이 안 되었을 때를 대비해 양다리를 걸치는 꽃들도 있다.[48] 확실하게 수분을 하기 위해서이다. 원래는 타가수분 식물인데 자가수분도 하고, 원래는 자가수분 식물인데 타가수분도 한다. 두 가지 방식을 다 활용하는 것이다. 청초한 제비꽃은 봄에는 꽃등애를 유혹하는 향기를 발산하여 타가수분하고, 여름과 초가을에는 꽃을 피우지 않고 닫아 놓고 자가수분을 한다. 이 두 가지 방식은 제비꽃으로 하여금 종 다양성을 유지하면서 동시에 많은 종자를 만들 수 있게 해준다.

전 세계에 퍼져 있는 달맞이꽃은 처음에는 암술이 성숙해 다른 꽃의 화분을 받는다. 그러다가 수술이 성숙해지면 암술이 굽어져서 자신의 꽃가루를 묻힌다. 수술이 성숙하기 전에 타가수분이 되었으면

---

* 식물에게는 자가불화합성 유전자가 있다고 하는데 식물은 '자신'의 꽃가루를 인지하여 '자신'을 거부한다.
** 반대로 암술이 먼저 자라고 수술이 늦게 자라는 꽃들도 있다.

다행이고, 만약 못되었더라도 자가수분으로 종자를 맺는 것이다. 시골집 마당에 흔히 피는 작고 귀여운 채송화는 햇빛이 강한 정오에 활짝 피는데 이때 벌들이 찾아와 수분해 준다. 오후가 되면 수분이 안된 꽃의 수술들은 몸을 이리저리 비벼대어 암술에 자기 꽃가루를 묻힌다. 이를 위해 채송화의 암술과 수술은 같은 시간대에 성숙한다.

한편 콩, 옥수수, 토마토 같은 작물은 자가수분을 하여 만족할 만한 결과를 갖는다. 일반적으로 자가수분은 일년생 식물과 단명하는 식물에서 많다. 짧은 생활사가 끝나기 전에 많은 종자를 생산해야 하기 때문이다.

다윈은 꽃이 곤충을 매개로 수분을 하며 자가수분은 극히 예외적인 현상이라고 했다. 근친교배의 경우 후손이 잘 생기지 않을뿐더러 생겼다 해도 병약한 경우가 대부분이라는 것이다. 다윈 자신도 사촌 여동생과 결혼했기에 평생 동안 자녀들의 건강을 염려했다. 그런데 최근 유전공학과 생물학의 발달은 인간복제의 가능성을 열어 놓았다. 또 유전자 지도가 완성되었기 때문에 맞춤형 아기인 디자이너 베이비 Designer Baby의 생산도 가능해지고 있다.

영화 〈아일랜드 2005〉를 보면 '클론복제인간'을 생산하는 공장이 나온다. 이 복제인간들은 '가진 자'들을 위한 장기이식용이다. 처음에는 머리 없는 클론들을 만들었는데, 부작용과 단점 때문에 뇌에 기억과 지능과 의식을 주입한 '건강한' 클론을 만들어 사육한다. 그들은 고유식별 번호에 의해 불리며 원본 인간들이 그들을 필요로 할 때 사용된다.

오염된 세상에서 환상의 낙원인 '아일랜드'로 가는 것을 평소에 그들에게 세뇌해 두고는 추첨방식을 위장해 필요한 클론을 아일랜드행으로 뽑는다. 이렇게 '뽑힌' 클론은 로또에 당첨된 것처럼 기뻐하지만, 현실은 필요한 장기를 적출하고는 버려지는 것이다. 여자 클론은 대리모로 활용되기도 한다. 이 공장에서 호기심 강한 주인공 클론 링컨은 우여곡절 끝에 자신의 정체를 알게 되고 수많은 역경을 이겨내고 공장의 클론들을 모두 탈출시킨다. 장기보험용 복제인간 생산과 클론의 자의식과 영혼의 문제, 그리고 인권 등을 다룬 이 영화는 곧 닥칠 미래사회에 대한 시사점이 많다.

다른 문제는 우수한 유전자들만의 결합, 특수유전자의 활용으로 만드는 특수목적용 아이의 생산이다. 건강하게 오래 살고 싶은 인간의 욕망은 클론뿐 아니라 맞춤형 디자이너 베이비의 탄생도 가능하게 할 것이다. 인간은 자신의 자녀가 유전적으로 완벽한 생명체이길 바라게 될 것이다. 생명공학 기술은 곧바로 자본과 만나게 될 것이고 기술과 자본은 클론과 디자이너 베이비를 생산하면서 인간의 끝없는 욕망에 부응하게 될 것이다. 처음에는 일부 부유층이 그 혜택을 누릴 것이고 시간이 흘러 기술개발 비용이 어느 정도 환수되면, 이 기술은 상용화되어 많은 인간이 수혜자가 될 것이다.

하지만 클론이나 디자이너 베이비가 일상화되면 그것이 인류의 멸종을 가져올 것임은 쉽게 예측할 수 있다. 식물로 돌아가 보자. 자웅동체인 식물이 기를 쓰고 자가수분을 피하는 것은 클론이 되지 않으려는 것이다. 식물의 경우에는 수명이 아주 짧은 종류들만 불가피하게 자가수분이라도 한다.

인간이 클론을 양산한다면 인간은 스스로를 아주 자연스럽게 단명한 종으로 변화시키는 것이 된다. 식물은 타가수분의 장점을 잘 알고 이를 활용해왔다. 다양한 유전적인 배경을 가지게 되면 웬만한 환경 조건과 그 변화에서 살아남기 때문이다. 다양성은 생존에 필수적인 것이다. 그런데 인간이 너도나도 최고의 조건으로 배합된 디자이너 베이비를 만들어낸다면 유전자 조합은 유사하거나 거의 동일해질 것이 뻔하고, 그렇게 되면 특정 환경 조건에 놓이면 견디지 못하고 일제히 사멸할 것이다.

요즈음 낭만적인 로맨스 작품들은 점점 이질적인 대상 사이의 사랑에 초점을 맞추는 경향이 있다. 국적과 나이, 계층과 신분을 넘어서는 조합도 모자라서 이제는 타임머신을 탄 듯 시대를 넘나드는 만남도 등장했다. 시간과 공간을 초월한 사랑은 우리의 마음을 두드린다. 그리고 그 간격은 클수록 좋다. '먼 곳의 그대'는 때로는 외계인이기도 하고 때로는 가상세계에 사는 누구이기도 하다. 두 존재 사이의 간격은 난관을 뚫고 서로의 영혼에 다가가는 험난한 과정의 묘미이다. 이 과정이 작품의 매력일 것이다. 그것은 한편으로는 클론을 생산하지 않으려는, 유전자의 다양성을 확보하려는 생물체의 공통된 숨은 의도와 맞아떨어지는 것일지도 모른다.

풍성한 잔칫상

식물은 꽃을 내세워 동물들을 유혹하여 자신의 목표를 이루지만, 그렇다고 무작정 동물들을 부려먹고 착취하지 않는다. 인간에게도 그래왔듯이 그들은 혼인을 도와주는 중매쟁이들을 위해 정성껏 선물을 준비해왔다.* 식물은 꽃 속에 풍부한 넥타를 넣어두어 중매쟁이들이 양식으로 삼게 해준다. 또 꿀도 만들어주는데, 그 속에는 당분뿐만 아니라 다른 영양소들도 아주 풍부하게 들어 있다. 벌은 꿀을 취하면서 동시에 단백질이 들어 있는 화분^{꽃가루}도 얻어 간다.

뿐만 아니라 필요한 화학물질을 준비해 두어 곤충들의 짝짓기도 도와준다.⁴⁹ 상부상조하는 것이다. 난초벌은 난초에서 휘발성 화합물질을 거두어들인 다음 뒷다리에 저장했다가, 교미시기가 되면 다른 수벌들이나 암벌들을 유인한다. 난초벌들은 짝짓기에 필요한 화합물들을 스스로 만들지 못한다. 그래서 난초가 없으면 벌들의 짝짓기와 생존도 불가능하다.

이처럼 식물은 꽃가루 매개체의 생식에 필요한 물질을 만들어준다. 계략을 쓰거나 유혹하여 자신의 욕구나 목적만 충족하고는 상대를 기만하기도 하는 인간이라는 종과는 딴판이다.** 꽃들은, 아니 식물들은 계산이 정확하며 자신의 필요를 채워준 동물들에게 어떤 방식이

---

* 일반적으로는 그렇다. 하지만 일부 몇몇 식물들은 보상 없이 수분매개자를 속이기도 한다.
** 물론 식물 중에는 속임수를 쓰는 종도 있고 기생식물, 식충식물도 있기는 하다. 하지만 이들이 번성한 종은 아니다.

로든 보답한다.[50]

그래서 그런지 인간, 호모 사피엔스도 식물의 중매에 뛰어든다. 식물이 자신의 생존에 인간을 활용하니 말이다.[51] 식물의 입장에서는 인간의 마음에 들면 여러 가지 혜택을 누리고 자신의 후손을 더 쉽게 퍼뜨릴 수 있다. 정원은 곤충뿐 아니라 인간의 욕망을 자극하는 꽃들의 경연장인 셈이다. 식물이 꽃을 동원하여 인간의 마음을 이용함으로써 자손증식이라는 자신의 욕구를 채우고 있는 것이다. 과일과 채소와 곡물들은 인간의 마음에 들려고 노력해왔다. 그래야만 인간들이 자신들을 잘 가꾸고 키워서 생명을 유지시키고 자손을 증식시켜줄 것이니까 말이다.

농경의 발명은 식물의 입장에서 보면 특정한 하나의 동물을 자신의 생존과 보존에 집중적으로 활용한 결과이다. 식물은 인간이라는 종을 이용함으로써 탁월한 생존전략을 실현해 온 것이다. 이 종은 두 발로 잘도 돌아다니고 복잡하고 추상적인 사고도 할 수 있고 그것을 서로 간에 나눌 수 있는 동물이다.

여름에 수박을 먹는데, 촘촘히 까만 씨가 박혀 있었다. 먹다보니 성가셨지만 이 또한 수박의 생존전략이라 생각하니 너그러워졌다. 인간 입장이라면 '씨 없는 수박'이 환영이지만 수박 입장에서는 그걸 좋아할 것 같진 않다. 그래도 수박은 품종이 개량되면서 인간의 품에서 잘 키워지고 있지 않은가? 식물은 지금 이 순간도 아주 지혜롭게 호모 사피엔스의 품 안에서 자신의 생존 전략을 꾸준히 수정해가며 자신의 잔칫상으로 유혹하고 있는 중이다. 이쯤 되면 지구상 생명체의 생존극에서 식물의 손을 번쩍 들어줄 수밖에 없을 것이다.

오랜 진화의 역사를 보면 생명체가 어떤 방향으로 나아갔는지를 알 수 있다. 재미있는 것은 호의와 친절에 보답할 줄 아는 착한 개체들이 살아남았다는 것이다. 누군가를 도와줄 때 꼭 대가나 보답을 바라고 하는 것은 아니다. 하지만 도움은 다른 도움을 부른다. 한 번 도와주면 언젠가 누군가에게서든 도움을 받게 되는 것이 자연의 이치이다. 이기적인 집단이 더 번성할 것 같지만, 진화는 오히려 이타적 집단의 손을 들어주었다.[52] 게다가 생명체들은 도움 받은 것을 갚지 않는, 즉 사기cheating치는 개체는 정확하게 가려낸다.

이렇게 보면 식물이 지구상에서 그렇게 오랜 기간 동안 살아낸 것을 이해할 수 있다. 식물은 다른 생명들을 활용하여야 살 수 있지만 그들이 챙겨주는 것들에 대해서는 보통은 꼭 보답해 왔다는 것이다. 식물들과 그들의 중매쟁이들은 오랜 세월을 거치면서 서로의 필요와 요구에 맞추어 진화해 왔는데 이것을 공진화라고 한다.

다윈은 마다가스카르에서 자라는 꽃이 28센티미터나 되는 기다란 관을 가진 것을 보고 그만한 긴 주둥이를 가진 나방이 있을 것이라고 예상하였다.[53] 다윈이 죽고 20년이 지나서 신기하게도 그런 나방이 발견되었는데 주둥이 길이가 그 관 길이에 딱 맞는 매나방이었다.

식물의 혼인은 대자연에서 벌어지는 향연이다. 인간과 동물과 곤충들과의 합주는 지구를 흔들어 깨우고 먹이고 살찌운다. 바람도 살랑 찾아들어서는 이 향연에 끼어든다. 풍성한 식탁, 공들인 답례품에 모든 살아있는 생명들은 환호한다. 베토벤의 웅장한 합창교향곡

이 들리는 듯하다. 신이 만든 피조물 중에 최고의 걸작은 아마도 식물이 아닐까?

반격의 시간

공격의 스위치를 언제 누를지

아는 것이 중요하다

얼마나 참을지

언제까지 참을지

방어가 끝나 공격하면

항복만 받고 끝내라

식물에게 물어라

누가 적이고 친구인지

언제 어떻게 공격할지는

평화로운 숲? 정글의 법칙!

　나무와 풀들이 가득 찬 숲은 평화롭다. 아름드리나무가 주는 음이온과 산소, 사이사이 빼꼭히 들어선 풀들이 주는 싱그러움, 인간도 원래는 숲에 살지 않았던가! 한국의 등산 열풍은 식을 줄 모른다. 이런저런 동호회가 하는 일은 거의 등산이고 등산복은 국민복이 되었다. 지하철을 타면 등산복 차림의 어른들이 이곳저곳에서 산의 기운을 뿜어낸다. 보기만 해도 부럽다. 조금 젊은 사람들은 요즘 트렌드인 캠핑을 한다. 캠핑족이란 말도 생겼다. 캠핑용품과 캠핑카를 갖추고 야외로 나가는 가정이 많아졌다.

　우리는 왜 숲과 산으로 갈까? 그렇다. 숨 쉬고 싶어서, 여유를 찾고 싶어서, 빌딩 숲 대신 진짜 숲을 보고 싶어서, 우리는 산과 숲으로 간다. 그리고 그곳에는 식물이 있다. 갖가지 종류의 식물들이 살아서 숨 쉬고 있다. 우리도 거기서 식물처럼 숨 쉬고 싶다. 평화와 안온함이 숲이 주는 선물이다. 하지만 이러한 평화는 거저 생기는 게 아니다. 식물에 대해 조금이라도 관심을 둔다면 식물들이, 숲이, 이 평범한 평화를 누리기 위해 얼마나 고군분투하는지 잘 알게 된다. 숲은 소리 없는 싸움터이다. 온갖 식물들이 죽지 않고 살아내려고 갖은 전략을 동원하는 전쟁터이다. 동물생존의 법칙은 식물에게도 해당된다.

　아프리카를 여행하는 관광객은 사람보다는 동물을 보고 싶어서 간다고 해도 틀린 말은 아닐 것이다. 사파리관광을 나가 보니 초원이라고 하지만 대머리 초원이었다. 동물들이 짓밟아 그런지 기후 때문인지는 모르지만 아프리카 초원은 먼지 풀풀 날리는 흙투성이다. 그곳에서는 동물들의 생존경쟁이 화려하게 펼쳐진다. 하지만 우리가 텔레비전에서 보는 사자의 사냥 장면은 보기 힘들다고 해서 다소 실망했다.

어쩌다 사자가 식사한다는 첩보(?)라도 입수되면 그 날 관광은 대박이다. 초원에 들어와 있는 가이드들에게 이 정보는 순식간에 전달되고, 사파리 차들은 좋은 자리를 차지하려고 앞다투어 현장에 속속 집결한다. 사자들의 식탁에 빙 둘러선 관광객들은 사진 찍느라 정신이 없다. 남 밥먹는데 소란하기 그지없다. 민폐인간들이다. 하지만 사자들은 적응이 되어 그런지, 인간들이 그러거나 말거나 식사에 열중한다.

진짜 사냥은 주로 밤에 이루어진단다. 그래서 밤 사파리 관광이 있다. 우리는 저녁을 먹고 호텔서 준비한 차를 타고 나섰는데 한여름인데도 꽤 추웠다. 조금 안쪽으로 들어서니 땅 위에 반짝반짝 별들이 박혀 있다. 인공조명이 없는 자연이라 야행성 동물들의 눈만 빛나는 것이다. 하늘에도 별, 땅 위에도 별. 아쉽지만 너무 춥고 피곤해서 담요를 덮고는 잠들어 버렸는데, 아이들은 정말 재미있는 밤이었다고 했다. 이렇게 동물 이야기를 하는 것은 식물도 정글의 동물처럼 생활한다는 얘기를 하고 싶어서이다.

움직이지도 못하고 가만히 제자리를 지키고 있는 식물들이 정글의 동물이라니? 이걸 생각하면 숲에 가서 편안히 힐링하기 힘들어질 수도 있지만, 조금 더 생각해보면 자신을 지키는 식물들의 이러한 노력이 없으면 숲과 산의 생태계는 무너질 것이니 식물들의 전쟁을 탓할 수는 없다. 게다가 식물들의 생존전략은 우리의 상상을 능가한다. 애초에 쉽게 움직일 수 없는 몸이기에 그들은 살아가는 데 더 신중하고 지혜롭다. 그래서 그들은 지구의 긴 역사와 함께 이제까지 살아남을 수 있었으리라.

움직이지 못하는 식물들이 생존경쟁에서 살아남기는 쉽지 않다. 전쟁에 나선 장수들처럼 그들은 무수한 전략을 가지고 있다. 치명적 약점인 '이동할 수 없음'을 극복하려다 보니 그 전략들은 더욱 치밀해졌다. 인간들 또한 그들의 생존을 위협하는 무서운 적이다. 길을 걷다 보면 오솔길을 발견하게 되는데 우리는 그걸 샛길이라고 하면서 즐겨 걷는다. 하지만 그 샛길은 우리가 무수한 풀들을 짓밟아 만든 길이다. 풀들의 세계에 침범해서 그들을 짓이겨놓고는 도심에서 만난 평화로운 산책로라고 좋아라 한다. 이건 별일 아니다. 인간은 숲으로 침입해서는 나무를 베어 내어 자기 필요에 따라 쓰기도 하고, 어떤 때는 산불을 내어서 숲의 모든 식물들을 다 몰살시키기도 한다.

식물들 중에서는 가장 꿋꿋해 보이는 나무도 각종 생물체들의 침입에 견뎌내기 힘들다.[54] 딱따구리는 가지를 쪼아대 구멍을 내며, 진디는 잎에 주둥이를 박고 수액을 빤다. 나방의 유충은 아예 이파리 전체를 노리고, 나무좀은 일단 침입에 성공하면 수백 마리가 몰려들어서 나무를 죽여 버린다. 뽕나무버섯 같은 것은 균사*를 이용해 나무의 뿌리 속으로 파고 들어 당분과 양분을 빼내고는 목질까지 파먹어

---

* 버섯과 곰팡이의 몸을 이루고 있는 가는 실 모양의 다세포 섬유

나무를 썩게 만든다. 덩치 큰 초식동물들도 나무를 해치고, 게다가 모든 나무 종에는 그 나무만 노리는 기생 생물들이 있다.

사실 식물의 입장에서 보면 세상의 모든 동물들이 다 생존을 위협하는 적이 된다. 곤충들, 새들, 작거나 큰 동물들은 고의든 아니든 간에 식물을 괴롭힌다. 이런 끔찍한 상황 속에서 식물은 어떻게 자신을 지켜낼까? 이동할 수 없는 치명적 약점을 가진 식물이 자신을 어떻게 방어할까?

식물은 잡아먹히지 않으려고 다양한 방법으로 스스로를 방어한다.[55] 잎과 어린 줄기의 표피는 적들로부터 자신을 지키는 방어의 최전선이다. 표면의 두꺼운 큐티클층*은 뚫고 들어가기 어려울 뿐만 아니라 소화도 잘 안 된다. 또 식물의 표피세포에서 나는 털^{毛茸} 중에는 약한 동물에게 상처를 줄 정도로 강한 것들이 있다. 뾰족한 가시^{피침. 경침. 엽침}나 끈끈한 점액으로 자신을 지키기도 한다. 우리들도 장미 가시에 잘 찔리지 않는가? 특히 쐐기풀속 식물들은 자모^{stinging hair}라는 주삿바늘처럼 생긴 특수한 털이 있는데, 그 안에 액체가 들어 있다. 이 식물들은 자모를 이용하여 동물들이 지나갈 때 살을 찔러 주사맞는 것 같은 통증을 준다.

미모사는 아이들에게 인기가 좋은 '움직이는 식물'인데, 약간의 자극만 있으면 바로 축 늘어진다.[56] 이 작용은 초식동물로부터 자신을 보호하려는 전술이다. 오무린 잎은 죽은 잎처럼 보이기도 하고 먹기도

* 큐틴 및 납으로 형성되어 있는 딱딱한 층

힘들테니 말이다. 어쩌면 잎을 오무려 가시처럼 보이게 하려는 것인지도 모른다.

이상의 것들은 단순한 무기인 셈이다. 하지만 포식자의 종류가 많기 때문에 식물은 고도의 무기와 전략을 동원하는데 그 방식도 다양하다. 그중 발달된 무기는 바로 화학물질이다. 식물은 특수한 화학물질을 분비하여 포식자로부터 자신을 보호한다. 식물의 화학물질은 단백질과 결합하여 단백질 소화를 방해하거나, 소화효소와 결합하여 그 효소가 소화과정에서 힘을 쓰지 못하게 만든다. 또 열매가 덜 익었을 때 초식동물에게 먹혀서는 아무 유익이 없으므로, 맵거나 시거나 쓴맛으로 무장한다.[57]

더 나아가 지원군 전략으로 포식자의 적을 유인해 들이는 방식을 쓰기도 한다. 화학신호나 전기신호를 전달하여 적의 침입을 알린다. 자신을 보호해 줄 특정 곤충들과의 공생으로 전략적 제휴관계를 맺는 주둔군 전략도 있다. 이렇게 다양한 방법으로 식물은 자신을 지켜낸다. 먼저 화학무기부터 보자.

생화학 무기 공장

식물은 마음대로 이동하기 힘들기 때문에 삶을 영위하는 데 더 신중하고 지혜롭다. 그들은 특정한 곳에 살면서 별별 환경을 다 경험하게 된다. 땅에 속한 무기물들과 곤충들, 하늘이 내리는 공기와 비와 바람들, 공중을 나는 조류들과 영리한 종인 인간들. 동물들은 이런 환경 중에 무엇 하나라도 마음에 안 들면 그 곳을 떠나 다른 곳으로 가면 된다. 하지만 식물은 그것이 어렵다. 그래서 살아남기 위한 그들의 전략은 훨씬 민감하고 조직적이다.

그들의 전략이 얼마나 정교하고 다양한지 『식물병법』이란 책을 한 권 만들고 싶은 심정이다. 현대 전쟁 전략 중 가장 고도로 발달한 것이 생화학 무기일 것이다. 이 무기는 소리 소문 없이 다가와서 우리를 죽이거나 불구로 만든다. 전쟁을 좋아하는 나라들은 이 생화학 무기에 광분하는데, 그것은 거대한 무기를 만드는 것과 비교해 볼 때 비용 대비 고효율이기 때문이라고 한다. 하지만 생화학 무기의 원조는 바로 식물이다. 식물이 왜 생화학 무기를 만드느냐고? 식물에게도 무수히 다양한 적들이 있기 때문이다. 식물은 이 무기를 잘 제조해서 공격에도 쓰고 방어에도 쓴다. 참 똑똑하지 않은가?

아프리카의 한 농장에서 영양들이 집단으로 죽은 사고가 있었다.[58] 영양들은 좋은 환경에서 평화롭게 사육되고 있었다. 이들이 왜 집단으로 죽었는지 도무지 알 수 없어서 사체 부검이 실시되었는데, 죽은 영양의 시체를 갈라 보니 위 속에서 소화되지 않은 이파리들이 발견되었다. 이 이파리들은 농장 안에 있는 평범한 나무 이파리였는데, 이 나무는 원래 독이 있는 품종이 아니었다.

나무가 자신을 방어하느라 독을 만들었다는 것을 알아내는 데는 시간이 한참 걸렸다. 자연상태의 나무들은 심하게 공격받을 때 독 수치를 올려 자기를 방어하고, 공격이 멈추면 다시 독성을 내린다. 하지만 울타리가 처진 이 사육장에서는 나무들이 쉴 사이도 없이 계속 영양들에게 뜯겼기 때문에, 이파리들이 지속적으로 높은 독성을 가지게 된 것이다. 그리고 이것은 영양들의 집단 죽음으로 이어졌다. 나무가 소리 없이 영양들을 살해한 것이다.

식물은 주위 환경으로부터 끊임없이 정보를 흡수해서 어떤 독을 생산할지, 얼마만큼 어떤 방식으로 생산할지를 결정한다.[59] 이는 마치 전투에 나선 장군이 시시각각 변하는 판도에 따라 전략을 세우는 것과 같다. 식물이 아무 때나 아무 독이나 만들어 쓰는 것이 아니다. 상대가 누구인지를 정확히 파악하고는 상대에게 딱 맞는 치명적인 독을 가장 적절한 순간에 발사한다. 어떤 무기를 언제 사용할지를 정하는 것이다.

더글러스전나무는 애벌레들이 새순을 갉아먹을 때 정교한 전략을 세운다. 계절, 시간, 위치, 먹히는 정도를 세밀하게 감지하고 테르펜*의 생산량을 결정한다. 애벌레의 활동과 번식에 따라서, 수컷인지 암컷인지에 따라서 말이다. 어떤 식물은 카나바닌canavanine이라는 변형된 아미노산을 생산하는데, 이것은 단백질 합성에 이용되는 20가지 아미노산 중 하나이다. 곤충이 카나바닌을 가진 식물을 먹으면 곤충의 단백질 합성과정에 변화를 초래하여 단백질의 구조에 영향을 준다. 결국 기능에 이상이 오고 이 곤충은 죽고 만다.

더 무서운 경우도 있다. 식물들은 포식자가 그들을 심하게 먹을 경

....
* 가연성의 불포화탄화수소로 향료, 의약품, 화학공업의 원료로 사용되는 물질

우 이들의 생식에까지 관여한다. 식물이 만들어내는 독이 포식자의 번식을 저지하는 것이다. 그 종 전체의 번식을 감소시켜 식물이 오랫동안 자신을 보호할 수 있는 장기적인 전술이다. 씨를 말리는 전략이라고나 할까? 또 적의 수명을 단축시켜 불임하게 만드는 무기도 있다. 어떤 식물들은 곤충 호르몬과 똑같은 화합물질들을 만들어내는데, 이 물질은 아주 적은 양으로도 곤충의 성장에 이상을 주고 일찍 죽게 만들어 번식을 불가능하게 한다. 이처럼 식물들의 생화학 무기는 상대를 소리 없이 죽이는 데도 쓰이고, 혈액세포에 작용해 혈액을 녹여버리기도 하고 곤충의 호르몬에 작용해 탈피를 저해하기도 한다.

이 정도면 『식물병법』은 만들어지면 안 될 것 같다. 안 그래도 전쟁을 좋아하는 인간들이 식물에게 배워서 무슨 짓인들 못할까? 하지만 방어를 위한 무기와 전략은 필요하지 않을까? 위의 전략들은 식물이 견디기 힘들어질 때 할 수 없이 쓰는 최후의 통첩과 그 방법이다. 이 방법을 식물이 매번 즐겨 썼다면 지구상 생물들은 모두 죽고 남아있지 않을 것이다.

식물도 다른 생물들이 필요하다. 중매도 해주어야 하고 아기인 씨앗들도 운반해 주어야 하니까 말이다. 그래서 아주 심각한 상황이 아니면 식물은 적을 말살하지 않는다. 참고 또 참는다. 대부분의 식물들이 습격의 약 18% 정도까지는 참고 있다. 그러다가 이 수치가 넘어가면 독들을 높은 수치로 방출한다.[60]

왜 그들은 18%까지 참고 있을까? 그것은 동물에 대한 식물의 배려이다. 식물과 동물은 오랫동안 함께 진화해 왔으며 이들 간에는 수백만 년에 걸친 상호의존성이 있다. 그래서 식물 중에는 동물에게 먹힐 것을 고려하여 잎을 키우고는, 동물들이 어느 정도 이파리를 뜯어먹고 난 다음에야 본격적인 성장을 시작하는 것들도 있다. 동물들의 생존을 위해 어느 정도 자신을 내어주는 너그러움을 보여주는 것이다. 식물들은 다른 동물이 자신을 뜯어먹는 행위가 어느 수준을 넘었을 경우에만, 정말 너무하다 싶을 때에만, 독들을 분비하는 것이다.

하지만 자연이란 게 얄궂어서 식물을 갉아 먹는 곤충들도 이 생화학 무기에 대한 대항력을 키우게 된다. 인간이 만든 항생제에 대항해서 변종 바이러스가 진화하는 것과 마찬가지로 말이다. 곤충들에게 해독 성분이 생기면 식물은 어떻게 할까? 우리 지구의 먹거리 원천이자 장수하는 종인 이들이 무참히 당할 리는 없지 않은가?

전쟁이란 게 내 힘으로 적을 막지 못하면 그대로 죽음이던가? 오랜 세월 전쟁의 역사에서 동맹군과 지원군은 늘 있어 왔다. 식물은 누가 지원군인지 잘 알고 또 그들이 좋아하는 것도 매우 잘 안다. 그래서 지원군들이 좋아하는 향기를 풍겨 그들을 불러들인다.

지원군과 주둔군, 권변

식물은 독무기 제조 공장이기도 하고 국제외교 전략가이기도 하다. 특히 그들의 전쟁 전략은 정말이지 부럽기만 하다. 식물은 적이 누구인지, 그 적에게 치명적인 약점은 무엇인지, 그 적의 적은 누구이고 그가 무엇을 원하고 좋아하는지를 기가 막히게 감별해 낸다. 식물은 먼저 싸움을 걸지 않는다. 하지만 일단 전투가 시작되면 자신을 훌륭히 지켜낸다.

중국 역사에서 전쟁이 난무했던 전국 시대에 묵자^{墨子}라는 이가 방어를 위한 전쟁을 주장했었다.[61] 그는 전쟁을 반대했던 사람이었지만, 전쟁에서 희생되지 않으려면 방어를 잘 할 줄 알아야 한다고 했다. 그는 무기도 개발했고 특히 어떻게 해야 성을 지킬지도 많이 연구했다.

묵자와 그의 추종자들은 전국 시대 말에 이곳저곳 남의 성들을 지켜주는 지원군으로 활약하다 결국은 거대한 진나라의 말발굽에 밟혀 몰살되었다. 이런 묵자의 활약은 영화 〈묵공²⁰⁰⁷〉에 잘 표현되어 있다. 영화에는 그가 얼마나 정의롭고 지혜로우며 매력적인 인물이었던가가 잘 표현되어 있다. 하지만 그는 실패했다. 묵자의 추종자들이 실패한 원인이야 여러 가지가 있겠지만 인간의 지혜가 식물을 따라가지 못하는 것이 씁쓸하다.

다시 식물로 돌아가 보자. 식물은 땅속과 공기 중에 양다리를 걸치고 살기 때문에 두 세계 모두에서 지원군을 불러들일 수 있다.[62] 이파리가 공격당할 때는 공중에서 날개 달린 곤충을 불러들이고, 뿌리가 공격당할 때는 땅속 선충*을 불러들인다.

어떤 식물은 애벌레들이 두 시간 이상 자신을 갉아대면 애벌레 위에 기생하는 말벌을 지원군으로 부른다. 말벌은 식물의 화학적 신호

---

* 선형동물에 속하는 작은 동물

를 확인하고는 얼른 날아와서 애벌레의 몸속에 자신의 알을 낳는다. 깨어난 말벌의 알은 자신의 집인 애벌레를 냠냠 갉아먹으며 자란다. 이렇게 되면 전쟁은 깔끔하게 끝난다. 지원군이 단방에 식물에게 승리를 가져다준다.

서부옥수수뿌리잎벌레가 옥수수의 뿌리를 공격하면 옥수수 뿌리는 특수한 방향성분을 배출한다. 이 가스는 흙 속으로 침투해 현미경으로 겨우 볼 수 있을 정도의 작은 선충들에게까지 전달된다. 이 신호를 받은 수많은 선충들은 얼른 집결해서는, 옥수수 뿌리를 갉아먹는 서부옥수수뿌리잎벌레 애벌레들의 입과 기공으로 침투해 애벌레의 체액을 다 빨아 먹는다. 식물은 땅속과 공기 중에서 이렇게 지원군을 동원한다. 공중전과 지상전을 동시에 치른다고 할까?

식물의 다른 전략을 보자. 공격이 올 때마다 밖에서 동맹군과 지원군을 부를 수도 있지만 그렇게 되면 그들이 도착할 때까지 피해가 막심하다. 그래서 아예 주둔군 작전을 쓰는 식물도 있다.[63] 좀 평화롭게 말하면 경호원을 두는 것과도 비슷하다. 중앙아메리카와 아프리카에서 자라는 아카시아 중 어떤 종은 속이 비어 있는데 그 안에 개미들이 살고 있다. 이 개미들은 사탄개미라는 무시무시한 이름을 가졌다. 아카시아는 이 개미들에게 먹을 것과 마실 것과 잠자리를 제공해 준다. 인간으로 치면 호텔급 접대이다.

사탄개미들은 부러울 것 없이 지내면서 자기 밥값을 한다. 이들은 아카시아 주변에서 아카시아의 생존과 성장을 방해하는 것이라면 무엇이든지 싹 쓸어낸다. 아카시아에게 그늘을 드리우는 다른 식물들의 이파리와 줄기를 제거해 버리며, 나무를 타고 올라가는 넝쿨식물들을 죽여 없앤다. 뿐만 아니라 아카시아 나무를 먹으려는 초식동물까지도 맹렬하게 공격한다.

호텔 객실을 제대로 갖춘 식물도 있다. 중앙아메리카 열대우림 그늘에 사는 후추는 갈색개미를 위해 살 곳과 먹을 것을 제공한다. 도마티아domatia라고 불리는 깊고 큰 구멍에서 말이다. 도마티아의 온도와 습도는 개미가 살기 딱 맞게 유지된다. 어린 후추의 잎과 가지 사이의 도마티아에서 여왕개미는 알을 낳는다. 식물은 개미를 위하여 잎 안쪽에 작은 구멍을 만들어 단백질과 지방을 주고, 개미는 이를 가져다가 새끼를 기른다. 후추로부터 융숭한 접대를 받은 개미는 사설경호단이 되어 이 식물을 훌륭하게 지켜낸다.

이런 경호원과 주둔군 개미들은 매우 공격적이다. 포유류에게도 용감히 달려든다. 사람이 아카시아 근처 바람이 불어오는 방향에 서 있으면, 냄새를 맡고 나무에서 내려와 달려들어서는 위협적으로 쏘고 물어 뜯고 한다. 한번 이런 개미에게 공격당하면 통증이 매우 심하다고 하니, 아메리카나 아프리카를 여행할 때는 아카시아 근처에는 가지 않도록 조심할 일이다.

이쯤 되면 아주 든든하지 않은가? 정말로 부러운, 완벽한 공생인 셈이다. 우리도 누군가가 이렇게 확실한 주둔군과 경호원이 되어주면 좋지 않겠는가? 하지만 슬프게도 역사의 명장과 영웅들은 그들 가까이에서 그들을 지켜주던 수하의 배신으로 이슬로 사라졌다. 머리 검은 동물인 인간은 배신도 잘하니 말이다. 다시금 식물의 지혜가 부럽다.

그런데 이렇게 사이좋은 아카시아와 개미 관계도 소원해질 수 있다는 보고가 있다.[64] 동아프리카 케냐에는 거대 초식동물의 특별 보호 구역이 있다. 자신을 괴롭히던 코끼리가 이곳으로 옮겨지면, 아카시아는 더 이상 먹히지 않으리라 마음을 놓고는 꿀 생산량을 줄이고 사설 경호원들에게 별로 신경을 안 쓴다. 이렇게 되면 함께 사는 경호원들은 30% 정도 줄어들고 다른 종류의 개미가 이사 온다.

새로 온 개미들은 아카시아를 지키는 일 따위는 하지 않는다. 경호원들도 대접이 시원찮아지니 자기 임무를 제대로 하지 않게 된다. 결과는 아카시아에게 불리해진다. 아카시아는 성장이 느려지고 어릴 때 죽는 것이 많아진다. 무서운 적이 존재하는 것이 오히려 아카시아의 건강과 장수를 도와주는 것일까?

아카시아—개미 관계에 진딧물이 끼어들어 흥미진진한 삼각관계를 엮어내기도 한다. 아프리카에서 자라는 아카시아 중 한 종은 울타리가 쳐져서 초식동물이 못 들어오게 되면 꿀 생산을 줄인다. 당연히 개미들은 경호를 소홀히 하게 되고 다른 곤충들이 침입한다. 그 중에는 진딧물도 있다. 진딧물이 오면 개미는 진딧물이 내어주는 꿀을 먹으며 사이좋게 지낸다.* 그러다가 환경이 달라져서 아카시아가 다시 꿀을 만들기 시작하면 개미들은 얼른 진딧물을 쫓아내고 옛 친구인 아카시아를 보호하는 임무로 복귀한다. 아카시아—개미 관계에서는 아카시아가 열쇠를 쥐고 있는 셈이다.

....

* 본래 개미와 진딧물은 공생관계이다.

이들의 삼각관계처럼 우리 역사에도 삼국시대가 있지 않았던가? 삼국을 통일한 신라는 '동맹의 신'이었다. 신라는 삼국시대 초기 고구려의 힘이 막강했을 때는 백제와 손을 잡았고, 백제가 강해지자 다시 고구려와 동맹하였으며, 나중에는 당나라와 연합하여 삼국을 통일했고, 최종에는 고구려 유민들과 힘을 합쳐 당나라를 몰아냈다. 어찌 보면 지조가 없어 보이지만, 삼국이 팽팽하게 대립하면서 누가 먹고 먹히느냐의 생존의 상황에서 신라의 이러한 외교 전략을 비난할 이유는 전혀 없다.

통일 신라 이후 한국의 역사 또한 대륙 세력자와의 외교 전략이 중요했다. 그의 성패에 따라 백성들은 지옥을 겪기도 하고 평안한 날들을 지내기도 했다. 지금 우리 한국의 상황도 마찬가지일 것이다. 분단이 고착되는 지루한 갈등과 위기 상황에서 누구와 손잡고 누구를 버릴 것인가, 외교와 전략의 대가인 식물에게 물어볼 수 있다면 좋겠다.

동양의 대표적인 전략서인 『손자병법』은 상황의 잠재력勢을 중시하며 전략을 생각할 때 상황에서 출발할 것을 권한다.[65] 즉 '계획'으로 시작하는 것이 아니라 상황 잠재력의 '평가'에서 시작하는 것이다. 상황은 가만있지 않고 끊임없이 변화하기 때문에, 미리 세워놓은 융통성 없는 계획이 아닌 주변 상황의 분석에 따른 적절한 변통이 필요하다.[66] 『손자병법』에는 상황에 따라 다르게 대응하는 속임수인 '권변'의 전략이 나오는데, 이익으로 적을 유인하거나 적을 교란시킨 후 승리하는 등의 병법이다.

갈대는 권변을 잘 활용한다. 가을에 갈대숲을 배경으로 사진을 찍으면 분위기가 좋기는 하지만, 갈대는 아주 화려한 식물은 아니다. 갈대의 생명력이 강하다는 것은 그들을 어디에서나 흔히 볼 수 있다는 것이 반증할 것이다.

'여자의 마음은 갈대'라는 노래 구절이 있다. 갈대의 속이 비어서 바람에 휘청거려서 나온 말일 것이다. 하지만 속이 빈 갈대는 경영의 대가이다. 늪지대의 척박한 환경에서 줄기 속을 채우는 것은 비용이 많이 드는 사치이다. 그래서 속을 비워서 살아나간다. 바람 부는 대로 누우면서 꺾이지 않고 말이다. 거기다가 갈대가 적에게 쓰는 엄청난 전술을 안다면 이 가사를 지은 이는 깜짝 놀랄 것이다. '여자는 아주 무서운 존재'라는 뜻이니까 말이다.

갈대는 매우 독특한 방법으로 자신을 방어한다. 칠성밤나방 애벌레는 갈대 줄기를 무참하게 갉아 먹는 놈이다. 이 줄기 저 줄기를 옮겨 다니며 배를 두둑하게 채우고는, 마지막으로 들어간 갈대 줄기 속을 집 삼아 번데기로 변하고 이윽고 성숙한 나방이 되어 떠나간다. 이 애벌레가 한번 이사오면 갈대의 피해는 극심하다. 도대체 성한 줄기가 남을 수가 없다. 일단 갈대는 대응하지 않고 참아본다.

갈대는 이삼년 정도 참고 참다가 애벌레의 공격이 진짜 '심각한' 단계에 이르면 공격을 개시한다.[67] 공격이라야 새로 나는 줄기의 크기를 살짝 줄이는 정도다. 집의 평수를 좀 작게 만드는 것이다. 이것은 아주 작은 변화이지만 그 효과는 제법 크다. 애벌레들은 들어갈 만한 줄기를 찾지 못해 방황한다. 예전 줄기 속에 남아 있던 애벌레들도 그만 작아진 집 속에서 압사하고 만다.

이렇게 되면 애벌레도 줄기 크기에 맞추어 몸 사이즈를 줄인다. 다이어트에 돌입하는 것이다. 그런데 갈대 줄기는 이삼년 뒤에 다시 본래 크기로 커진다. 좁아진 줄기에 맞추어 번데기를 날씬하게 만들었던 애벌레는 적당한 크기의 집이 없어 또 낭패를 보게 된다. 이쯤 되면 갈대를 우습게 보면 안될 것 같다. 갈대는 영리하게 적을 교란시켜 물리친다. 권변을 활용하는 것이다.

조기경보 체계와 2단계 전략

적이 침입하기 전에 경계경보를 발령해 준다면 미리 대비책을 세울 수 있어 좋을 것이다. 라마콩은 거미진드기가 침입하면 거미진드기를 먹고사는 포식자를 유인한다.[68] 거미진드기의 침 속 화학물질을 분석해서 거미진드기가 어떤 종류인지를 정확하게 판별해내고, 그 종류에 따라 각기 다른 휘발성 화학물질을 만들어낸다. 이렇게 방출된 물질은 바로 그 거미진드기를 먹고사는 포식자만을 유인하게 된다.

동시에 주변의 아직 공격받지 않은 라마콩들에게 진드기 공격 소식을 전해준다. 주변 식물들은 이러한 화학물질에 반응을 보여 포식자를 유인하는 물질을 분비할 뿐 아니라 자신들을 방어하는 생화학적 변화를 시작한다. 식물들의 정보체계는 사이렌으로 울리는 것은 아니고 특정한 향을 풍기는 것이다. 그리고 식물은 이 향을 '엿듣는다'.

전쟁에는 디데이$^{D-day}$라는 게 있다. 언제 적을 공격할 것인가의 날짜이다. 고대에는 제사 지내고 경건하게 점을 쳐서 이 날을 정했다. 아주 중요한 순간이기 때문에 은나라 때 중국인들은 소뼈나 거북이 뱃가죽에 글씨를 새겨서 신의 뜻을 묻기도 했다. 이것이 가장 오래된 한자의 형태인 갑골문자로 남아 있다.

『삼국지』에 나오는 제갈공명은 천문에 밝은 사람이었다.[69] 그가 전쟁마다 이길 수 있었던 것은, 하늘의 운행과 별들의 움직임을 읽어서 비와 눈이 내리는 것이나 바람이 부는 방향 등 모든 기후를 예측할 수 있었기 때문이다. 그러니 전쟁의 디데이야 말할 필요도 없지 않은가? 지금도 그의 사당에는 그의 지혜를 갖기를 원하는 이들이 예물을 바치고 정성을 들인다고 한다.

공격이든 방어든 시점이 중요하다. 진정한 전략적 시점은 변화의 기미가 어렴풋이 느껴지지만 아직 정확히 지각되지 않은 바로 그 때이다.[70] 이때를 탐지할 줄 알아야 한다. 식물은 이 타이밍을 어떻게 맞출까? '유비무환'이란 말이 있다. 준비해 두면 후환이 없다는 뜻이다. 소를 잃기 전에 외양간을 정비해 두는 것이다. 식물도 이것을 알고 있다. 그래서 전쟁에 필요한 무기들을 잘 준비해 둔다. 그런데 그들의 주무기인 생화학 무기 생산은 식물의 입장에서는 비용이 많이 드는 일이다.

식물도 생물이기 때문에 그들의 목표는 명확하다. 모든 생명체의 목표를 그들도 공유한다. 하나는 생명의 유지, 다른 하나는 후손의 증식이다. 이 두 가지 임무를 모두 효율적으로 달성하는 것이 그들의 목표이다. 식물들의 모든 행위 또한 이 두 가지에 집중된다. 하지만 문제는 에너지이다. 어느 생명체도 무한 에너지를 가질 수는 없다. 한정된 힘을 요령껏 잘 활용하여 이 두 가지를 다 잘 수행해야 한다. 식물은 적으로부터의 공격을 막아내기도 해야 하지만, 꽃피우기와 수분, 열매 만들기와 씨앗 만들기 등 본연의 일인 생존과 보존에도 힘을 기울여야 한다.

독을 만들려면 많은 영양분과 에너지가 필요한데, 여기에 집중하면 식물이 성장하고 씨앗을 만드는 데 장애가 온다. 평화가 오랫동안 유지되는 상황에 독이나 만들고 있으면 비용이 계속 들어가니 이는 불필요하고 비경제적인 일이다. 그래서 식물은 상황에 맞게 융통성을 발휘한다. 식물은 평소에 이파리의 독성물질을 최고로 높이지는 않는다. 단지 적에게 너무 심하게 공격당한다고 판단될 때에만 강한 독을 내보낸다.[71]

식물은 2단계 전략을 활용한다. 독을 생산할 준비를 마치는 것이 1단계이다. 언제라도 투입할 수 있도록 독을 준비만 해놓고 발사시점을 기다린다. 2단계는 실제 공격이 들어올 때이다. 곤충들이 이파리를 갉아먹을 때 화학적 출발신호를 내보낸다. 그러면 즉시 전력을 다해 독 생산이 가동되고 만들어진 무기는 곧바로 전장에 투입된다. 독이 발사될 때 주변에 있는 식물들은 그 향을 재빨리 맡고는 적이 침략했다는 정보를 알게 된다. 그러면 자신들도 서둘러 부랴부랴 독 생산에 돌입한다.

식물이 이렇게 2단계 전략을 쓰는 이유가 무엇일까? 자원이 한정되어 있기 때문이다. 식물은 생장하고 꽃을 피우고 씨앗을 만들어내는 데 자신의 자원을 잘 활용해야 한다. 만약 적을 찾아내어 하나도 남기지 않고 다 박멸하는 데 에너지를 쏟는다면 더 중요한 일들, 종족번식에 쓸 자원이 없어진다. 그래서 식물들은 방어에 들어갈 비용들을 합리적이고 경제적으로 적절히 통제한다. 식물은 자신의 강점과 약점을 정확히 알고 있으며 비용과 손익을 잘 계산해낸다. 식물은 전략뿐 아니라 경제와 경영에도 능수능란하다.[72]

인생도 마찬가지이다. 힘은 한정되어 있다. 지혜롭게 나누어 쓰는 것이 관건이다. 자식 기르기에만 열중하다가 적이 침입하여 위기가 닥쳐 아예 목숨을 잃을 수도 있고, 전쟁 준비에 광분하다가 자식농사를 망칠 수 있으니 정말 신중해야 한다. 나라 간의 군비경쟁도 마찬가지이다. 자신들의 주력무기를 잘 개발해서 갖추어야 하지만, 무기개발에만 힘을 쏟으면 경제나 사회부분은 낙후되기 일쑤이다. 게다가 공격의 스위치를 누르는 타이밍을 놓치면 모든 것이 허사가 된다. 언제가 기회인지 디데이인지, 식물처럼 정확하게 느껴야 한다. '기회의 여신은 뒷머리채가 없다'고 하지 않는가?

식물병법

인간은 이제까지 동물처럼 살아왔고 그것이 최선의 방책이라고 생각해왔다. 남을 거꾸러뜨리고 이기고 밟고 착취하고 그 위에 군림하는 것을 성공한 삶이라 여기고 이를 추구해왔다. 그래서 생긴 병폐는 일일이 열거할 수 없을 정도이다. 하지만 미움과 분노와 적개심은 자신의 생명을 해친다. 최근 많은 연구물들이 인간의 건강에 영향을 주는 마음의 상태에 대해 보고한다. 우리 몸은 하루 동안 수많은 암세포를 만들어 낸다고 한다. 모든 이들이 암환자가 아닌 것은 건강한 면역력으로 암세포를 물리치기 때문이다. 미움과 분노는 남을 해치기에 앞서 먼저 자신을 병들게 하지만, 긍정적인 마음과 사랑은 어떤 불치병도 몰아낼 수 있다.

작은 갈등과 이해관계에서 시작된 분쟁의 싹을 키우고 열매를 맺느라 우리 인간은 복수라는 미명하에 자신의 인생 전체를 불태우기도 한다. '너 죽고 나 살자'도 아니고 '너 죽고 나 죽자' 하는 것이다. 결국 나도 죽는다. 망한다. 배신자를 적당히 경고하거나 용서할 수도 있을 것을 그렇게 하지 못하여 전 인생을 걸고 자신을 망가뜨린다.

식물은 적이 누구인지 감지한 후에 그에 딱 맞는 독을 생산하여 가지고 있다가, 자신의 생존에 치명적일 때 적정량의 독만 사용하여 적을 물리친다. 웬만해서는 적을 죽이지까지는 않고 그저 겁을 주거나 약간의 피해를 준다. 물론 그들도 자신의 생존이 심각하게 위협당하면 적에게 확실한 복수를 하기는 한다. 그래도 지혜로운 식물들은 절대로 복수 때문에 자신을 망치지 않는다. 공격을 하더라도 자신을 보존하고 자녀를 키울 에너지는 꼭 챙겨둔다.

인간도 치열한 생의 현장에서 산다. 누가 아군이고 누가 적인지 판단하기도 어려운 상황에서 말이다. 하지만 인간은 미련하다. 인간은 분노와 복수에 자신과 가족과 모든 것을 불사르기도 한다. 우리들의 삶도 개체들의 생존의 전장이다. 나의 살아있음을 방해하려는 수많은 적들로부터 우리는 적절히 아주 신중하게 자신을 방어해야 한다. 지나치게 공격하면 나의 생명도 위험할 수 있고 그렇다고 수수방관하면 그대로 죽을 수 있다. 식물이 부러워지는 순간이다. 그들은 가장 적절한 때에 가장 효과적인 방법으로 가장 적당한 수준까지 적을 물리치고는 자신의 생을 영위하지 않는가?

이상적인 싸움은 싸우지 않고 이기는 것이다. 하지만 일단 싸움이 시작되면 이겨야 하고 그 와중에서 적의 피해도 최소화해 주어야 한다. 식물의 방어와 공격은 결코 자신의 성장과 실현을 방해하지 않으며 동시에 적을 말살하지도 않는다. 그들은 적들이 그들의 생존에 필요한 존재임을 안다. 그래서 적당한 선에서 공존한다. 그들의 삶의 기술은 그대로 하나의 예술이다. 인간도 그렇지 않은가? 힘들고 아픈 시간들도 지나고 나서 생각해 보면 적들의 핍박이 나를 얼마나 성숙하게 키워 주었는지 알게 된다. 마치 아카시아의 생존에 초식동물의 위협이 어느 정도 필요한 것처럼 말이다.

이동이 자유롭지 못한 식물들은 곤충이나 동물들에게 먹힐 때 자신을 방어하기 힘들다. 도망가거나 공격할 힘도 없다. 하지만 식물들의 삶을 가만히 들여다보면 놀라운 방법으로 자신을 지키는 것을 볼 수 있다. 식물이 정적이고 연약하고 소극적이라는 것은 우리의 무지의 소치이다. 만약 식물이 자신을 지킬 수 없었다면 멸종하고 말았을 것이다. 뿐만 아니라 식물을 섭취해야만 하는 동물들도 먹을 것이 없어서 다 죽었을 것이다. 인간도 마찬가지다. 『식물병법』은 꼭 필요한 책이다. 인간이 식물처럼 지혜롭게 자신을 지키고 살아남으려면 말이다.

더불어 사는
즐거움

나의 욕망과 당신의 욕망

우리의 욕망과 그들의 욕망

원시인들의 축제는 모든 욕망의 향연이었다

성스러움과 황홀감 속에서

신과 인간과 자연과 동물과 우주가

모두 하나가 되는 것

하나로서 온전한 것

난장판 축제

 적도 근처에 가서 밤하늘을 보면 별들이 쏟아져 내리는 착각을 한다. 하늘과 땅이 맞붙어 있는 것 같다. 공해로 더럽혀지지 않은 깨끗한 곳이어서 그럴까? 별을 바라보면 별의 나라로 끌려 올라갈 것 같다. 옛사람들이 별자리에 얽힌 이야기를 만들어 낸 것이 수긍이 간다. 땅이 하늘이고 하늘이 땅 같고, 사람이 별이고 별이 사람 같다. 인공조명도 거의 없으니 더 그렇다. 곁에 서 있는 나무들을 보면 천상의 나무인지 지상의 나무인지 구분이 가지 않는다. 하늘세계와 땅세계가 연이어져서 한 발만 내딛으면 별 옆자리에 닿아 앉을 것 같다. 그렇게 밤하늘을 보다가 너무 강한 신비감에 무서워져서 총총히 숙소로 발을 옮겼다.

 원시인들의 삶은 참으로 힘들었을 것이다. 추위와 더위도 힘들고 그들을 노리는 거대 육식동물도 무섭고 호수와 강도 공포의 대상이었을 것이다. 그들은 자신들이 특별한 존재라는 생각을 안 했을 것이고 하늘과 땅과 동물과 식물들, 자연 속의 한 부류라고 느꼈을 것이다. 그 속에서 먹기도 하고 먹히기도 하면서 어울려 살았을 것이다. 열악한 신체 조건을 가지고 변덕스러운 자연 속에서 공포스러운 동물들과 살아가느라 얼마나 힘들었을까? 그래서 그들에겐 자연과 더불어 잘 사는 것이 최선이었는지도 모른다. 뇌가 발달하고 지혜가 늘면서 자연에 의미를 주고 동물들에도 의미를 주고 자신의 삶에도 의미를 주었을 것이다.

하늘의 별에도 해와 달에도 낮과 밤에도 곡식과 나무들, 식물들에도 색깔을 주고 이야기를 선사했을 것이다. 이것이 바로 신화가 아닐까? 현대인인 우리가 읽어도 신화이야기는 정말 재미있다. 그래서인지 고대 신화는 죽지 않고 게임으로까지 부활했다. 구글에서 신화의 주인공 이름을 검색해 보라. 신화의 본래 주인공들보다 게임에 나오는 영웅들의 이미지로 온통 도배되어 있다.

신화가 한창인 그 시절에 원시인류는 축제도 한바탕 즐겼다. 어떤 사람은 축제가 인간의 본성이라고까지 하는데, 원시인들의 축제는 지금 우리가 보면 괴이하고 좀 잔인하기까지 했다. 원시인들의 난장판 축제는 자연과 대화하는 방식이었다. 이 축제는 인간만의 것은 아니었고 인간과 신과 동물과 식물과 땅과 하늘이 함께 즐기는 엄청난 규모였다.

축제는 인간의 삶의 본능Eros과 죽음의 본능Thanatos을 모두 충족시켜 주었고, 신을 경건히 모시는 일과 인간 사이의 우정과 결속을 함께 다져 주었다.[73] 풍요로운 농사와 사냥의 성공을 기원했고 춤과 노래가 연일 이어졌다. 선별되어 잘 꾸며진 선남선녀가 하늘에 또는 땅에 그 순결한 피를 뿌려 바쳐졌고, 심장이 따로 올려지기도 하였다. 축제의 끝은 남녀가 정신없이 뒤엉키는 난교로 마무리되기도 하였다. 그들의 축제에는 성스러움과 속됨이 함께 버무려져 있었다.[74]

지금의 우리가 보면 인간을 신에게 제물로 바치는 인신공희라든가 제사가 끝난 후 이루어지는 난교 등은 끔찍하고 원시적으로 보이지만, 그때의 그들에게는 그것이 삶을 이해하고 살아내는 최선의 방식이었던 것 같다. 문화권마다 조금씩 차이는 있지만 축제의 기본적인 요소들은 공통적이다. 신화도 마찬가지다. 천지의 기원이라든지 영웅의 모험이라든지, 그 옛날 전혀 교류가 불가능했던 그 시기에 지구의 끝과 끝에서 어떻게 비슷한 이야기들이 존재했는지 의문이다. 하지만 신들의 이야기이면서 동시에 인간의 이야기였던 신화는 원시인들에게는 최선의 인생교과서였을 테니 비슷한 것이 당연하다고 할 만하다.

이처럼 원시인들은 생명을 지닌 모든 것들과 화해하고 공존하며 매 순간 그들과 더불어 살았다. 동물을 사냥하면 죽은 동물에게 미안함을 표시할 줄 알았다. 심지어는 자신들의 조상이 후손을 도우려고 동물의 모습으로 땅에 내려왔다고도 믿었다. 그 흔적이 토테미즘^{Totemism}이다. 아무르강 하구에 사는 니프크족에게는 지금도 토테미즘의 흔적이 남아 있다.[75] 그들은 곰을 산에 사는 인간으로 생각한다. 사냥꾼이 곰 한 마리를 죽이면 그는 큰 소리를 네 번 질러 자신의 승리를 곰들에게 알려야 한다. 사냥꾼이 곰에게 살해되면 가족들은 그의 시체를 곰 가죽 속에 말아넣는다. 그렇게 하여 그는 인간에서 곰의 위상으로 옮아간다.

현대인은 다르다. 현대인은 어느 정도 자연을 '정복'했고, 식물은 재배하고 동물은 길들였다. 인간에게 위협적인 거대 동물들은 벌써 옛날에 싹 쓸어버렸다. 이제 더 이상 그런 괴상한 축제는 필요 없어졌고 신화는 동화나 영화나 게임 속에 가두어졌다. 인류는, 호모 사피엔스는 '성공한' 종이 되었다.

자연과 욕망

인간은 자연을 정복했지만 그만큼 자연과 분리되었다. 도시인들은 자연의 숲 대신 빌딩숲에 산다. 하지만 빌딩숲은 우리에게 만족을 주지 못한다. 그래서 틈만 나면 자연에 가려 한다. 힐링 투어가 인기이다. 자연과 숲이 주는 안온함과 생기를 얻어가려고 말이다. 숲 속에서 삼림욕을 즐기다가 요즘에는 아예 캠핑 도구를 갖추어서 캠핑카를 타고 자연으로 나간다. 그 곳에서 적당한 수준의 원시생활을 즐긴다. 사냥은 못하지만 덩어리 고기를 불에 굽는다. 나무 위는 아니지만 텐트를 치고 쪼그리고 자면서 별을 본다. 일주일에 한 번 자연 속으로 들어가 식물인 척 흉내를 내보는 것이다. 과거에 인간이 자연의 일부였던 것을 아직 기억한다는 증거이다.

아프리카 사파리 관광객들은 야생동물들을 만나기 위해 이 나라 저 나라를 넘나들어야 한다. 동물들이 어디론가 다른 나라로 건너가 버렸기 때문이다. 동물들에게는 국경이 없다. 국경은 무엇인가? 인간의 욕망이 그려놓은 선이다. 유럽인들이 아프리카라는 너른 땅에 자신의 욕망의 양만큼 그려놓은 선! 하지만 동물들은 그런 거 모른다.

욕망은 인간의 삶을 활기차게 하지만 인간을 파멸시키기도 한다. 동물들의 욕망은 무한정하지 않으며 사자도 배가 부르면 앞에서 깡충거리는 토끼를 건드리지 않는다. 하지만 인간은 어떤가? 한 번 토끼고기 맛을 보면 일대에 토끼 덫을 촘촘히 두고는 토끼들을 일망타진할 것이다. 꼬챙이에 줄줄이 꿰고는 소금에 절이거나 냉동하거나 하여 쟁여 놓고 두고두고 즐길 것이다. 보관을 잘 못하면 불쌍하게 희생된 토끼고기를 썩힐 수도 있겠지. 인간의 무한욕망은 지구상의 다른 동물들을 괴롭히거나 싹쓸이했고 그것도 모자라 동종에게까지 심각한 타격을 주었다.

영화 〈300−제국의 부활²⁰¹⁴〉을 보라. 근육질 남성전사들이 등장하는 전쟁영화는 그걸 잘 보여준다. 옛 중국에서는 적장의 살을 저며서 장조림을 만들어 두고두고 씹었다. 공자의 갑작스런 죽음이 사랑했던 제자 자로子路가 잡혀 젓갈로 담가진 충격에 의한 것이라는 설도 있다. 인간은 참으로 희한한 생명체이다. 이것을 생각해보면 내셔널 지오그래픽 채널을 보면서 육식동물의 야수성에 심취할 필요도 없다. 가만히, 내 안의 야성에 귀를 기울이면 그만이다.

생물학적 진화는 식물에서 동물로 진행되었지만, 인류의 정신과 문명의 발전은 한동안은 동물적인 것에서 식물적인 것으로 이동했다. 먹을 것을 해결하기 위해 이리저리 옮겨 다니며 정처 없이 살아가던 인류는 처음에는 수렵과 채집으로 근근이 생명을 이어갔지만, 씨앗을 땅에 심으면 다시 열매를 먹을 수 있다는 걸 안 다음부턴 강가에 자리 잡고 농사를 짓기 시작했다. 이동하다가 정착하게 된 것이다. 인류문명의 시작이 모두 큰 강가에서 비롯된 것은 우연이 아니다. 그러니까 동물적 이동생활에서 식물적 정착생활로 옮아간 것이다.

유럽을 중심으로 한 서양의 삶이 이동과 정복의 동물적 스타일이라면 중국을 중심으로 한 동양의 삶은 정착과 조화의 식물적 삶이었다. 동양은 농업을 중심으로 살아왔으므로 식물적 삶을 일찍이 알았다.

씨앗을 뿌리면 싹이 나고 꽃이 피어서 열매를 맺고, 그렇게 한 세대가 가면 다시 그 열매에서 싹을 틔운다는 진리를 알았다. 동양적 사유의 기본틀이 이 식물적 삶이라고 해도 과언은 아닐 것이다. 『주역』의 원형이정元亨利貞의 돌고 도는 순환의 이치는 이 식물의 생애주기를 본 딴 것이다.[76]

동양의 세계관은 농경적이다. 리듬과 일정한 주기가 있고 시작과 끝이 꼬리를 물고 순환한다. 도가도 비슷하다. 지금도 중국인들의 마음을 가득 채우고 있는 이 도가의 사상 또한 공격적이고 동물적이라기보다는 수동적이고 식물적이다. 도가가 추구하는 고요함과 텅 빔, 부드러움과 연약함, 골짜기와 여성스러움 등은 자연에 순응하는 '식물적 삶'의 모습의 전형이다.

이러한 동양의 전원적 풍경은 공격적인 서양의 동물적 도발에 밟히게 되는데 그것이 바로 서양제국들에 의한 동양의 식민지화이다. 움직이면서 자신과 사물의 차이를 인지하고 구별하는 것을 좋아했던 서양은 자연스럽게 도구와 기술의 발전을 앞세우게 되었고, 과학의 발달과 맞물려 '타자'인 동양과 신대륙의 세계를 침략하게 되었다.

이런 과정들을 근대 과학의 발달과 이성의 발달, 그리고 제국주의라고 부르기도 한다. 그 과정에서 '동물적 세계'는 '식물적 세계'를 침략해 왔다. 그리고는 식물이 동물의 먹이가 되는 것처럼 동양과 신대륙도 서양과 구대륙에게 자신을 내어주어야 하며, 그들을 모범으로 하고 배워야 한다고 강요하게 되었다.

자연과 어울려 자연을 누리며 심지어는 경외하기까지 했던 동양적 사유와는 달리, 서양은 일찍이 자연을 객관화하여 조사하고 연구하고 개발하였다. 그렇게 얻어진 기술과 문명은 자연을, 다른 종을, 심지어는 동종인 인간까지도 지배하고 복속시키는 데 쓰여졌다. 중세까지는 그런대로 신의 뜻을 두려워했으므로 이러한 지배행위에 제한이 따랐다. 자연은 신의 치마폭에 싸여 있어서 그나마 보호받고 있었다.

그런데 근대의 이성, 과학, 제도의 발전은 모든 것을 적나라하게 만들었다. 이제 인간의 세계는 신과 분리되었다. 자연도 더 이상 신의 그늘 아래 있을 수가 없었다. 모든 것을 구분하는 이성의 능력은 이후 구분을 넘어 차별과 정복으로 이어지는 부작용도 따랐다. 계급의 차별과 정복, 인종의 차별과 정복, 성의 차별과 정복이 심해진 것은 신의 품에서 자유로워진 인간이 행한 만행이었다.

조금 다르게 생겼다는 이유 하나로 유색인종과 여성은 착취당해왔다. 인간은 동종의 고통과 아픔을 제물로 받아 자신을 살찌울 수 있는 재미있는 생명체이다. 생존이라는 절박한 문제가 아니더라도 이념이 달라서, 종족이 달라서, 신앙이 달라서, 심지어는 기분이 안 좋아서 동종을 살해한다. 동물들의 힘겨루기가 항복과 복종의 의사표시로 종결되는 데 비해 인간의 동종 살해는 조직적이고 거대하다.

현대문명은 다시금 동물적인 스타일로 선회하고 있다. 정보와 자본과 기술의 이동이 숨 막히게 빠르다. 현대인들은 마음으로나 몸으로나 시시각각 움직인다. 생존을 위해 재빨리 이동해야만 하고 남들을 제쳐야 하고 변화해야 한다. 그래서 숨 돌릴 겨를이 없다. 그렇게 바쁜 생의 회로를 돌다가 언제 끝이 오는 지도 모른채 죽음을 맞는다.

하늘 보고 별 보고 달 보면서 별자리에 얽힌 전설과 달 속의 토끼를 상상해보는 작은 낭만조차 누리지 못하는 게 요즘 사람들이다.

이러한 동물적 스타일의 삶은 가정과 학교, 사회와 국가에서 지극히 장려되는 삶의 방식이다. 재빠른 움직임에 따라 석차가 매겨진다. 학교에서는 학생의 성적을, 사회에서는 구성원의 서열을, 국가에서는 기업과 기관, 심지어 대학의 순위까지 친절하게 매겨준다. 국제적으로도 예외가 아니다. 국민총생산과 교육, 의료, 복지수준을 낱낱이 조사하여 국가별 등위를 만들어준다. 그래서 지구상의 모든 존재는 이 기준들에 의해 한 줄로 세워질 수 있다. 국가−기업−학교−성별−가정의 계층에 따라 누구든지 일련번호를 받을 수 있다. 그래서 이제 각자의 삶의 목표는 이 일련번호를 어떻게 앞으로 당기느냐가 된 거 같다.

어울려 사는 혜택

식물도 욕망을 지닌다. 욕망은 생명체를 살리는 원동력이니까. 식물도 태양빛과 양분을 놓고 옆의 식물들과 치열하게 경쟁한다.[77] 호두나무는 낙엽을 떨어뜨릴 때 독소를 방출하여 자기 영역을 방어한다. 낙엽이 분해될 때 만들어지는 주글론juglone은 식물의 발아를 억제하는 작용을 하기 때문에 근처에서 다른 식물들이 자랄 수 없다. 그래서 소나무 숲 밑에는 다양한 풀이 자라지 못한다. 벼도 마찬가지이다. 이런 식물들이 내는 물질들은 천연 제초제로 이용되기도 한다.

하지만 숲의 나무들은 가족이나 같은 종, 그리고 친한 친구들과 사이좋게 협동한다.[78] 숲의 허브* 역할을 하는 나무들인 허브나무 hub tree 들이 엄마나무들처럼 자식들을 양육한다. 하나의 엄마나무는 수백 그루의 다른 나무들과 연결될 수 있으며, 엄마나무들은 균사 덩어리로 이루어진 균사체 네트워크를 통해 어린 묘목들에게 광합성에 필요한 탄소를 보내준다.

이렇게 되면 묘목의 생존률은 4배나 높아진다. 이 일을 균류**들도 거든다. 균류들은 평소 특수 효소를 만들어 나무에게 필요한 질소나 인을 흡수할 수 있도록 도와주는데, 이런 균사체들은 같은 종뿐 아니라 다른 종들끼리도 연결시켜 준다. 자작나무는 전나무가 그늘에 가려져 광합성을 못하게 될 때 탄소를 나누어 주는데, 반대로 자작나무가 이파리가 없어서 광합성을 못할 때는 전나무가 자작나무에게 자신의 여분의 탄소를 나누어 주는 것이 확인되었다. 상부상조하는 것이다.

이처럼 나무들은 뿌리를 통해 서로 연결되어 있다. 여럿이 함께 있으면 더위와 추위를 막을 수 있고 많은 양의 물을 저장하고 습기를 유지할 수 있다.[79] 그러다가 옆에 살던 나무가 죽어나가면 숲에는 구멍이 뚫리게 되고, 그 틈으로 거센 바람이 불어 다른 나무들도 쓰러지고 더위에도 견디기 힘들어진다. 그래서 모든 나무들은 각자가 공동체의 소중한 자산이다. 어떤 야생의 너도밤나무 숲에서는 모든 나무들

* 네트워크에 다수의 시스템을 연결할 때 사용되는 장비
** 엽록소를 가지지 않아 다른 유기물에 기생하여 생활하는 하등식물

이 공평하게 광합성을 할 수 있도록 나무들이 서로서로 비슷한 키를 유지한다는 것이 발견되기도 하였다.

식물은 자신의 필요를 얼마만큼, 어떻게 활용하는지를 체득해 왔다. 특히나 그들은 자신의 필요를 다른 생명체와 나누는 법을 안다. 신기하지 않은가? 큰 나무들은 뿌리 주위에 많은 종류의 생물들이 깃들이게 하여 다른 종들과 자신의 욕망을 나누어 갖는다.[80] 참나무 뿌리 주변에는 개미, 지렁이, 굼벵이, 땅강아지, 두더지들이 산다.

나무 둥치에는 이끼와 버섯이 자란다. 작은 동물들은 둥치를 피난처로 쓴다. 개미, 지네, 하늘소, 딱정벌레 애벌레 등도 여기에 기대어 산다. 가지에는 새들의 둥지가 있고 누에고치가 매달려 있다. 청솔모와 다람쥐는 수시로 나뭇가지에 놀러오고, 떨어진 나뭇잎이나 부러진 나무토막에는 달팽이와 다른 곤충들이 살고 있다. 식물들은 이렇게 다른 종들과 잘 어울린다. 한 곳에 오랫동안 뿌리내리고 사는 나무는 그 일대 생태계의 주인이 된다. 만약 그 나무를 베어버리거나 다른 곳으로 옮기면 주위의 생태계가 바뀌어 버린다. 작은 동물들은 둥지를 잃고 등산객들도 길을 찾기 힘들어진다.

물론 식물 중에도 삐딱한 놈들은 있다. 살금살금 다가가 남의 둥치에 몸을 감고는 물과 양분을 빠는 새삼과 겨우살이 같은 기생식물, 작은 곤충들을 유인하여 단백질을 챙기는 벌레잡이통풀과 끈끈이주걱 같은 식충식물 말이다. 하지만 이런 종류들은 남들과 잘 어울리는 식물들에 비해 번성한 것 같지 않다. 이제까지 진화는 주고받기를 잘 하는 개체의 손을 들어주었으니까 말이다. 곤충과 동물과 인간들에게 많은 것을 제공해 주는 식물들이 번식에 있어서 훨씬 유리하다.

이제 우리가 무심히 밟고 다니는 풀들에 관심을 돌려 보자. 인간은 순전히 자기 필요에 따라 풀들을 식용과 잡초로 나누어 놓았다. 식용 풀 중에는 물론 약초도 있다. 약초들은 우리에게 꼭 필요한 성분들을 제공한다. 제품화된 약들도 식물이 만든 것을 가져온 것이다. 약초와 같은 식용풀들이 우리에게 주는 것들은 더 말할 필요가 없고 인간이 별로 쓸모없다고 생각하는 잡초를 보자. 이들이 생태계에서 갖는 생명력과 위력은 대단하다.[81]

보통사람들은 잡초를 하찮게 여겨 아예 관심이 없고, 농부들은 잡초를 귀찮게 여겨 솎아내기 바쁘다. 하지만 잡초의 생명력은 강인하여 언제 어디서든 뿌리를 내리고는 꽃을 피운다. 영어 속담에도 "잡초는 빨리 자란다."는 말이 있다. 물론 잡초에 대한 부정적 언급이지만 말이다. 작물들은 여러 가지 살뜰한 보살핌으로 인하여 토양 침투력 같은 자연의 능력을 많이 상실하였지만, 돌봄을 받지 못하는 잡초들은 여전히 튼튼하고 질기다. 어렸을 때 여리여리한 잡초를 우습게보고 휙 뽑아내려다 고생한 경험이 있다. 처음에는 한 손으로 되겠지 했는데, 그 뿌리가 얼마나 질긴지 두 손으로 부여잡고 한참을 고생하다가 엉덩방아를 찧었다. 뽑힌 잡초를 보니 위로 올라온 날씬한 상체와는 어울리지 않는 길고도 질긴 뿌리가 있었다.

잡초의 뿌리들은 아주 강해서 표층토*를 뚫고 깊숙이 뿌리를 내린

---

* 유기물이 풍부한 토양의 두 번째 층

다. 잡초는 뿌리의 독특한 용해물질을 이용하여 빽빽한 토양을 통과한다. 작물들은 이러한 잡초 뿌리의 도움을 받아 깊은 땅속으로 자신의 뿌리를 내릴 수 있다. 잡초 뿌리는 다른 농작물 뿌리들을 데리고 하부 토양층으로 내려가서 많은 양의 수분을 확보한다. 또 그들은 작물들이 뿌리를 깊이 내리지 못해 미처 흡수하지 못한 영양물질들을 표층토로 퍼올려 주고 표층토의 수분증발을 억제하기도 한다. 어떤 식물은 뿌리에서 강한 유독성 물질을 내뿜기도 하는데, 잡초는 이것을 자신의 양분으로 흡수해 버린다. 뿐만 아니다. 비가 내리면 빗방울이 흙을 쓸고 내려가거나 땅을 진탕으로 만들어 버린다. 하지만 농작물과 잡초가 함께 있으면 빗물이 먼저 잡초에 떨어진 후 흙에 떨어져 땅에 흡수된다. 초식동물이 풀을 다 뜯어먹어서 사막처럼 된 평원에서는 잡초들이 강한 모래바람을 견뎌내며 흙을 보호해 주기도 한다.

이렇게 잡초들의 생명력이 더 강한 것은 그들이 인간에게 돌봄을 받지 못하고 스스로의 힘으로 살아가야 했기 때문일 것이다. 작물이라면 견디기 힘든 환경을 잡초들은 꿋꿋이 이겨내고, 척박한 환경조차 바꾸어 살만한 곳으로 만들어 낸다. 그래서 잡초를 솎아낼 것이 아니라 적절한 간격을 두고 작물과 함께 자라게 하는 것이 좋다고 한다. 이렇게 잡초는 공생과 상생의 대가이다.

식물은 다양한 환경 속에서 여러 생명체들과 공존하는 법을 안다. 다양성은 생태계에 활력을 준다. 식물군락이 복잡할수록 여러 가지 스트레스에 강하다. 복잡한 식물생태계 속에서는 질병이 생기거나 해충이 침입하는 일이 거의 없다. 다양한 종들로 이루어진 자연적인 시스템 속에는 복합적인 화학물질이 있어서 해충으로 인한 전염병과 질병을 자동적으로 막아 주기 때문이다. 모든 생태계는 그러한 역동성을 확보해 왔다. 그래서 한 가지 작물만을 재배하거나 살충제와 조제약을 과다하게 쓰면 해충은 늘어난다.

식물은 건강한 흙을 만드는 데 도움을 준다. 흙은 동물들의 생존에 필수적이다. 흙 속의 물과 공기는 그 속에서 사는 모든 생물들이 먹고 마시고 숨 쉴 수 있게 해준다. 식물들은 정보를 교환하며 화합물질을 분비하여 자신들에게 유익한 박테리아를 불러들인다. 식물에게 유익한 박테리아들은 식물이 발아할 때 뿌리 표면에 모여들어서 병원성 박테리아가 침투하지 못하게 막아준다. 콩과 식물들은 뿌리에서 리조비움^{Rhizobium}이라 불리는 질소고정 박테리아와 공생한다.[82] 리조비움 박테리아는 식물의 뿌리털 끝 가까이에 붙어서 안으로 들어가 뿌리혹을 만들어 내어 뿌리에 질소화합물을 공급해준다. 그래서 콩과 식물은 아주 척박한 땅에서도 잘 자란다. 콩과 식물이 죽게 되면 이 박테리아는 질소를 남겨 토양을 비옥하게 해준다.

식물은 균류와도 멋지게 상생한다.[83] 일부 토양 균류는 식물을 시들어 죽게 만들지만, 대부분은 식물에게 유익한 균류이다. 이들 균류는 식물 뿌리에서 당분을 가져가고, 대신에 멀리까지 닿는 균사들을 동원하여 물과 양분을 충분히 공급해준다. 식물과 유익한 균류와의 이러한 관계를 '균근'*이라고 부른다. 균근의 곰팡이는 뿌리의 생장을

* 균류와 고등식물의 뿌리와의 공생체

촉진해주며 토양 속의 병원성 세균과 곰팡이로부터 식물을 보호하는 항생물질을 분비해 준다. 뿐만 아니라 식물에게 해로운 땅속 중금속을 걸러내 준다.

균근류는 식물의 약 90%에서 보이는데, 균근이 없이 자라는 식물은 생장에 방해가 오거나 심지어는 죽는다. 이상적인 토양계에서는 교류와 상생의 법칙이 훌륭하게 구현되고 있다. 토양의 상생법칙, 조화가 깨지면 동물계는 병든다. 이렇게 식물은 자연과 동물과 공생하고 상생할 줄 안다.

식물종들은 다양한 종류의 화학물질들을 만들어 내기도 하고 상승작용을 일으키는 다양한 결합물들을 만들어 내기도 한다. 화학물질을 다양하게 분비해내는 식물들이 많을수록 생태계는 더욱 건강해진다. 환경이 항상 변화하기 때문에 다양한 식물들이 함께 자라는 것이 훨씬 유리하다.[84] 뿐만 아니라 생물학적 다양성은 모든 생명체의 존속의 근거가 된다.[85]

특히 우리가 재배하는 식물의 생물학적 다양성은 야생종의 다양성 못지않게 중요하다.[86] 어떤 품종의 사과 하나가 과수원에서 사라진다는 것은, 특정 환경과 적에 대한 저항력을 지닌, 그리고 특별한 맛과 빛깔과 과육을 지닌 유전자 집단이 지구에서 영영 사라진다는 것을 뜻한다. 이것은 인간에게 큰 손실이다.

캄보디아 서부 코콩주의 센트럴 카다뭄 보호림은 캄보디아 정부가 지정한 18개 보호림 중 가장 넓은 지역이다.[87] 해발 500미터 높이의 숲에는 무성한 나무들과 덩굴식물, 식충식물, 거머리와 각종 생물이 함께 어울려 살아 수십 개의 먹이사슬 피라미드가 공존한다. 이곳의 식물 종은 약 5,000종이 넘을 것으로 추정된다.

같은 코콩주의 핌크라솝 자연보호지역에는 맹그로브 나무의 거대한 숲이 있다. 물속으로 뻗은 맹그로브 뿌리는 물고기들의 은신처가 되어 준다. 그래서 주민들은 풍부한 수자원을 얻어 생활한다. 이 맹그로브 숲 덕분에 이 마을은 2004년 최악의 쓰나미가 동남아시아를 덮쳤을 때도 큰 피해를 당하지 않았다. 캄보디아의 약용식물은 알려진 것만 해도 800종이 넘는다. 식물은 이처럼 자연의 활력인 다양성을 이끌어내어 지켜주고 그것을 다른 종과 함께 나눈다.

가족들과 정답게

생태계의 다양성 못지않게 인간의 문명과 사고의 다양성도 중요하다. 지구촌은 차별과 갈등과 투쟁에 물들어 있다. 경제적 세계화가 평등과 행복을 가져올 것이라는 희망은 지극히 단순한 생각이었다. 요즈음은 혈연·지연·문화·경제 공동체의 의미는 서서히 약해지고, 개인의 관심에 따라 모였다 흩어지는 다양한 종류의 공동체가 만들어지고 있다. 페이스북이나 SNS가 성행이다.*

하지만 가상공간 또한 특별구역은 아니다. 이곳에서의 차별과 언어

----

* 현실공간에서든 가상공간에서든 인간은 무리를 이루고 살려는 성격을 지녔기 때문이다.

폭력은 또 다른 불행을 불러온다. 이를 이겨내지 못하는 이들의 자살과 자해행위가 이어진다. 변화하고 있는 공동체 속에서 함께 행복하려면 자신의 권리와 타인의 생존 사이의 타협과 절충이 필요하다. 하지만 이제까지의 역사를 돌아보면 인간에게 이 일은 참으로 어려운 일이었음을 알 수 있다. 힘센 자가 사회의 다수가 되어 약자와 소수들에게 자신들의 기준을 강요하고 억압하여 왔다. 이제는 누구에게나 다양한 가치와 삶의 양식이 인정되고 존중되면 어떨까? 단일한 가치나 규범에 의한 획일적인 동질화가 아니라, 다양한 생각과 존재 양식의 평화로운 공존이 필요하지 않을까? 생태계 또한 다양한 생명체들이 함께 살아가면서 유지되는 것처럼 말이다.

19세기에 인류 문명에 큰 족적을 남긴 다윈의 진화론은 생명체에 국한된 이론이었는데, 이 '진화'의 개념을 사회와 문화의 '진보'와 동일시하여 크나 큰 폐해를 불러왔다.[*] 대표적인 것이 사회진화론^{Social-Darwinism}과 그에서 비롯한 서구제국주의였다.[88] 사회진화론은 진화론의 인문학적 버전이라고 할 수 있는데, 생물종들이 진화하는 것처럼 인류사회 또한 진화하며 이 진화의 모범은 서구 문명이라는 생각이었다.

대표적인 사회진화론자 토마스 헨리 헉슬리의 『진화와 윤리』에 따르면 식민지는 가꾸어지지 않은 정원과도 같아서, 정원으로 가꾸려면 잡초를 제거하고 좋은 나무와 예쁜 꽃을 이식해야 하며 관상용 돌들도 배치해야 한다고 했다.[89] 아름다운 정원이 되기 위하여 이러한 과

---

[*] 지금도 진화와 진보를 마구 섞어 쓰지 않는가?

정은 필수적이며, 서구인들 또한 식민지와 식민지 백성들에 대하여 적극적으로 이러한 작업들을 해나가야 한다고 했다.

헉슬리의 이 작은 책에는 사회진화론의 열렬한 추종자로서의 그의 확고한 신념이 들어 있다. 그 어떠한 망설임이나 죄책감도 갖지 않은 채 그는 식민국가의 재구조화가 최상의 방책임을 말한다. 읽다 보면 어떻게 이런 생각이 가능한지 놀라게 되지만, 당시의 여건과 분위기가 '진화'와 '진보'를 동일시하여 '진보'를 추종하였던 걸 생각하면 그럴 수 있겠다는 생각도 든다. 하지만 이러한 진보에의 맹신은 지금도 인류 생존에 큰 위협이 되고 있다. 개인이든 국가이든 간에 진보에 옭매이다 보면 공존과 다양성이라는 정작 중요한 가치들을 놓쳐 버리고 만다.

공존하려면 배려가 필요하다. 바로 옆에서 이웃이 고통 받는데 혼자서 즐겁게 살기는 힘들다. 선진국일수록 버림받는 이웃이 없도록 배려하고 있다. 누구에게나 최저생활을 보장하려고 애쓴다. 상처받은 이웃들은 '묻지마 범죄' 등 끔찍한 사회문제를 일으킨다. 소외되었다고 느끼는 사람들의 마지막 몸부림의 하나이다. 지구 곳곳에서 테러와 총기 난사, 폭행이 난무하다. 이제 지구촌의 문제가 내 집안일이 되어 버린 시대에 우리는 산다. 남의 아픔과 슬픔이 나와 무관할 수는 없다. 문명이 발달하고 지혜가 커지면서 인간은 협력과 배려보다는 갈등과 편견, 투쟁에 더 많은 힘을 기울여왔고 인간의 삶은 점점 더 피폐해졌다. 지금은 연민과 배려가 더욱 절실한 때이다.

주목할 것은 이제까지 울타리와 경계를 짓던 '소유'의 개념이 서서히 막을 내리고, 생태계처럼 서로서로 나누고 관계를 맺는 '공유'의 아이디어가 떠오르고 있다는 것이다.[90] 2011년 미국 〈타임Time〉지는 세계를 바꾸어 놓을 10대 아이디어로 '공유Sharing'를 제시했다. 실제로 공유경제는 혁신적 비즈니스의 해답이 되었다. 공유경제란 '나눠쓰기' 란 뜻으로서 책, 자동차, 빈방 등을 다른 사람들과 함께 공유하는 경제활동이다. 새로운 것을 창출해 이익을 얻기보다는 기존의 것을 활용해 수익을 내는 공유경제 기업들이 급부상하고 있다. '우버Uber'와 '에어비앤비Airbnb'가 그 대표적 모델이다.

우버는 미국의 우버 테크놀로지스가 운영하는 자동차 배차 웹사이트 및 배차 응용 프로그램으로서 스마트폰 앱으로 승객과 차량을 이어주는 서비스이다. 미국 기업인 에어비앤비 역시 세계 최대의 숙박 공유 서비스로서 자신의 주거공간 일부나 전부를 다른 사람에게 빌려주는 서비스를 제공하는 온라인 사이트를 운영한다. 자신의 공간을 홈페이지나 스마트폰 앱에 게재하면 공간이 필요한 이용자는 이를 저렴한 비용으로 사용할 수 있다.

모든 사물이 연결된 사물인터넷의 세계에서 한 걸음 더 나아간 것이 만물인터넷*이다. 만물인터넷의 세상에서는 사물, 사람, 공간, 데이터 등이 모두 연결된 생태계 시스템이 만들어진다. 모든 것이 완전히 연결된 세상이며 각종 정보가 연결되기 때문에 완전한 지식이 가능해진다. 이러한 세상에서는 건강, 교통, 농업, 금융 등 많은 분야에

....

* IoE : Internet of Everything

서 변화가 올 것이다. 나눔이 중요해지는 앞으로의 세상에서는 진보보다는 배려와 공존이 중요해질 것이다.

생각해 보자. 만약 우리가 '공존'보다 '진보'를 우선시한다면 이를 위한 기능과 수단에 집착하게 될 것이다. 그러다 보면 다른 사람을 목적이 아닌 이용가치나 수단으로 생각하게 되고, 결국은 자기 자신도 똑같은 저울로 달아보게 된다. 한 개인의 경제적, 사회적 실패가 극단적 자살로 막을 내리는 것은, 그가 스스로를 더 이상 수단적 가치가 없는 존재로 생각하기 때문이다.

그리스 신화의 프로크러스테스의 침대Procrustean bed가 생각난다.[91] 프로크러스테스는 지나는 사람을 잡아서 침대 크기에 안 맞으면 다리를 늘리거나 잘라 내서 죽인 악한인데, 이 악한은 자기가 저지른 방식 그대로 영웅 테세우스Theseus에게 죽임을 당한다. 남을 해치려고 만든 침대가 결국에는 그 자신이 죽임을 당하는 형틀이 되고 만 것이다.

중국 춘추시대 공자의 계승자인 맹자孟子는 인간이 받는 고귀한 지위를 '천작天爵'과 '인작人爵'으로 나누어 생각했다.[92] '인작'은 왕이 내려준 높은 지위이고, '천작'은 하늘이 내려준 것으로 어질고 의롭고 미더운 품성이라고 하였다. 마음속에 이 '천작'을 지닌 사람들이라면, 자신의 가치를 더 이상 수단의 의미로 보지 않을 것이며 서로를 배려하고 공존하는 데 어려움이 없을 것이다.

물질과 자본처럼 눈에 보이는 것들은 인간의 존엄적 가치보다 하찮은 것이라는 것을 잊지 않아야 한다. 그렇게 할 때, 인종, 지위, 성별을 따지지 않고 자신을 포함한 자신의 동류인류를 존중하게 될 것이다.

생태계라는 넓은 장에서 볼 때 인류라는 종은 한 가족이다. 개인, 민족, 계급, 국가 간에 서로를 배타적으로 여겼던 시각을 바꾸어 이제는 포용함이 필요하지 않겠는가.

친척들과 잘 지내기

공생과 상생은 인간에게 무엇을 의미할까? 우리 인간은 자신을 지구나 다른 생명체와는 구별되는 특별한 존재라고 흔히 생각한다. 나누고 구분 짓는 교육이 우리를 그렇게 만들었다. 사람들은 구분하고 분리하고 차별하는 것을 좋아한다. 삶의 터전인 지구조차도 대상화하여 훼손을 거듭해 오다보니 이제는 '인류세Anthropocene, 人類世'라는 신조어까지 등장했다.[93] 이는 크뤼천Paul Crutzen이 2000년에 처음 제안한 용어로서, 인류의 자연환경 파괴로 인해 지금까지 계속되던 충적세가 끝나고 새로운 지질시대가 도래했다는 뜻에서 등장한 개념이다. 그간 인간들의 행위가 얼마나 지구를 손상시켰는가를 잘 보여주는 용어이다.

이제는 지구 자체를 하나의 거대한 생명체로 생각해야 한다.[94] 제임스 러브록의 '가이아Gaia 이론'에 따르면 지구는 이제까지 자기 혼자서 살아왔고 스스로 상처를 치유해왔다고 한다. 지구와 우주와 모든 생명체들은 유기적으로 하나로 연결되어 있다. 하나의 생명에 상처가 생기면 다른 생명체들도 온전할 수 없다. 하나씩 병들다보면 인간공동체는 물론이고 그 터전인 지구가 병든다. 이제는 물리학이나 천체학,

생물학에서도 분리와 단절보다는 연결과 소통을 이야기한다.

우리 인류는 다른 종인 동물이나 식물과 하나의 기운, 하나의 유기체로 연결되어 있다. 이것을 빨리 인식할수록 인간이 지구에서 멸종되지 않고 살아남을 수 있다. 동종 간에 우호적 관계를 유지해야 하는 것과 마찬가지로 인간은 생명을 지닌 다른 종과의 관계에도 관심을 기울여야 한다.

에드워드 O. 윌슨은 인간에게는 바이오필리아biophilia가 있다고 한다.[95] '생명사랑의 본능' 또는 '생명과 관련된 인간의 자연적인 감각'이다. 이것은 일종의 '성향'인데, 이 성향 덕분에 인간이 동식물에 대해 배울 때 더 빠르고 정확하게 학습한다고 한다. 이는 인간의 DNA 속에 잠재된 진화과정의 기억 때문이다. 인간의 눈과 귀 등 감각기관은 초기 배아상태에서는 어류나 조류 등 하등동물의 감각기관들과 닮았다고 한다. 그래서 "다른 종들은 우리의 친척이다."[96]

이러한 진화의 기억은 인간이 다른 종들에게 관심을 가지고 그들을 사랑하게끔 하는 중요한 단초가 된다. 이것이 바이오필리아 가설이다. 아이는 생명체에 대하여 매우 일찍부터 강렬한 호기심을 나타낸다. 어린아이들이 동물이나 곤충들을 좋아하는 것은 그들에게는 이러한 기억이 어른에 비하여 생생하게 남아 있기 때문이다.

어른들도 마찬가지다. 우리는 표면적으로 대리친족 역할을 하는 동물을 선호하는데, 개가 대표적이다.[97] 개는 인간처럼 인사하고 복종하는 습관을 들이고 싶어서 특히 인기가 높다. 많은 가정에 아이처럼 '입양'되어서 반려견으로 사랑을 듬뿍 받으며 산다. 큰 재산을 유산으로 상속받는 개가 있을 정도이다.

우리들은 다른 생물들과 아주 가깝다. 특히 침팬지와 피그미침팬지는 최근 수백만 년 동안 인간과 가장 가까운 종이다. 인간 유전자의 약 99%가 침팬지의 유전자와 동일하기 때문에 차이점은 나머지 1%가 결정한다. 동물해방론자인 피터 싱어Peter Singer는 인간이 감정이 있고 고통을 느끼는 모든 동물에게 이타성을 확장해야 한다고 했다.[98]

생명과학과 뇌과학이 급속히 발달하고 있는 이 시대에는 인간이라는 종의 고유성이 모호해지고 인간과 다른 종과의 경계가 점차 흐릿해지고 있다. 머지않은 2025년에는 신체를 잘 쓰지 못하는 환자들의 뇌가 로봇 속에서 살아남아 자신의 기능을 수행할 수 있을 것이다. 2045년이 되면 여기에서 더 발전하여 인간의 뇌를 로봇에 이식하고 로봇의 뇌를 인간에 이식하는 것이 가능하다고 한다. 복잡하고 정교한 인조인간의 신체를 만들어 그 안에 독립적 물질로 된 정신을 다운로드할 수 있게 되는데, 이렇게 되면 기존의 인간이 아닌 전혀 새로운 종이 출현하게 된다. 먼 미래의 이야기가 아니다.

베르나르 베르베르의 단편집 『나무』에는 죽지 않고 살아남기를 원한 한 의학자를 소재로 한 이야기인 「완전한 은둔자」가 있다. 그는 유능하고 명망있는 과학자인데, 제한된 수명이 지나면 육체 속에서 썩어야 할 운명을 지닌 자신의 뛰어난 뇌를 어떻게든 보존하고 싶어 한다.

수많은 고민을 거치고 나서, 그는 아내에게 자신의 뇌만 꺼내서 따로 보존하고 싶다고 한다. 실험과 연구에 미쳐 있는 남편을 쭉 지켜보던 아내는 결국 이를 허락하고, 동료의사들에 의하여 그의 뇌는 몸으로부터 분리되어 특수한 보존액에 담겨져 거실 중앙에 안치된다. 그를 그리워하는 아내와 아이들은 한동안 그의 뇌에 다가와 이런저런 이야기를 하지만, 시간이 흐르면서 그의 뇌는 가족들에게 잊혀간다. 결국에는 손자의 장난꾸러기 친구들에 의해 그만 동네 개의 밥이 되고 만다.

인간의 뇌가 로봇이나 기계 속에서 살아남을 수 있고 인간의 장기가 다른 종의 동물의 몸에서 배양될 수 있다면 인간과 동물 사이의 종의 경계가 매우 모호해 진다.[99] 인간과 기계, 인간과 동물이 서로 섞이는 시대가 오는 것이다. 이렇게 되면 인간을 다른 종과 구별하여 우월하게 여겨 온 입장들은 힘을 잃는다. 이제 인간은 그 경계를 뛰어넘어 어떤 새로운 형태로 진화하게 될 지도 모른다.

인간과 동물의 잡종hybrid도 많이 만들어지고 있다. 2003년 상하이에서 인간과 토끼의 유전자를 섞어 탄생시킨 배아가 만들어졌다. 세계 최초의 인간과 동물의 교잡종이었다. 2004년에 미국 미네소타에서는 인간의 피가 흐르는 돼지를 만들었으며, 2005년 캘리포니아 스탠퍼드대학교에서는 쥐에 인간의 뇌세포를 심어 키웠고, 네바다에서는 인간의 간과 심장을 가진 양이 장기이식 목적으로 사육되었다.

미국 샌프란시스코의 합성생물학 회사인 캠브리안 게노믹스Cambrian Genomics의 임시 실험실에서는 주요 제약회사를 위한 서비스의 일환으로 레이저로 고객 DNA를 만들고 있다.[100] 이 회사의 대표인 오스틴 하인즈Austin Heinz는 앞으로는 누구라도 몇 달러만으로 생물을 만들 수 있는 세상이 온다고 했다. 그는 최근 빈에서 열린 컨퍼런스에서 "우리는 지금껏 존재하지 않았던 전혀 새로운 생명체를 만들고 싶다."라고 말해 사람들을 놀라게 했다. 미국 정부는 유전자 변형을 이미 규제하고 있지만, 하인즈는 태어날 자손의 유전자 변이를 통해 돌연변이로 태어날 가능성이 있는 아기들의 문제를 미리 없애주는 것이 더 좋은 방법이라고 주장한다. 그는 갖가지 개선된 성능으로 무장한 인간뿐 아니라 인간과 동식물 융합체의 개발까지도 예측하고 있다.

올더스 헉슬리의 『멋진 신세계』는 생명과학이 극도로 발달할 경우 어떤 일들이 가능한지 보여준다.[101] 엄마의 자궁이 아닌 공장에서 아기가 생산되는 것이다. 생명들은 병 안에서 계급에 따라 달리 배양되고, 각각의 조건반사에 따라 양육되어 사회구성원의 임무를 다하게끔 성장한다. 플라톤의 『국가론』에 등장하는 이상 국가*를 연상시키는 이 소설은 생명과학의 발전을 터전으로 하여 공유, 균등, 안정의 기치 아래 만들어지는 유토피아인 멋진 신세계가 어떻게 인류를 멸망시킬 수 있는지 잘 보여준다.

이런 우려에도 불구하고 과학의 발전은 시위를 떠난 활처럼 되돌릴 수 없는 것이 되어 버렸다. 인공지능[AI] 또한 그렇다.[102] '인간이 만들어 낸 마지막 발명품'이라 불리는 인공지능은 인류라는 종에 대한 또 다른 성찰을 가능하게 한다. 인공지능이 인류 최후의 발명품인 이유는 그 이후의 발명은 인간이 아닌 인공지능의 손에 달렸기 때문이다. 스티븐 호킹과 엘론 머스크는 인공지능은 핵폭탄보다 더 위험하며 인공지능이 생기면 인류가 멸망한다고 경고했다.

....

* 플라톤의 이상 국가는 철인통치자, 보조자(행정·군사·경찰업무담당), 생산자라는 세 개의 계급으로 구성되어 있다.

그들이 경고한 인공지능은 딥러닝deep learning 같은 학습을 기반으로 하는 약한 인공지능이 자유의지를 갖는 인공지능으로 스스로 진화된, 강한 인공지능을 가리킨다. 강한 인공지능은 정신, 감정, 창의성, 자아를 지닌 존재이다. 이제까지 인류가 주장하고 믿어왔던, 인간만이 자유의지를 지니며 존엄한 존재라는 신념은 종이조각이 될 가능성이 많다. 인간보다 지능이 훨씬 높고 독립적 존재인 강한 인공지능이 생겨나면 그들은 인간을 자신의 창조자로 인식할지는 모르나, 그들의 터전인 지구를 생각할 때 인간이야말로 지구에 백해무익하다고 생각할 것이다. 종국에는 그들의 합리적 판단에 의해 인간이라는 종, 인류는 지구에서 제거될 수도 있다.

앞으로 인류는 인공지능이라는 새로운 종과의 공존을 모색해야만 하는 것이다. 지구가 인간을 위해 존재하고 지구상 모든 생명체는 인간의 필요와 지배하에 있다는 낡은 생각을 과감하게 벗어던지지 않는다면, 인간보다 똑똑하고 힘센 새로운 종에게 밀려나 처참한 종말을 맞을지도 모른다. 인공지능뿐 아니라 합성생물학의 발전이 만들어내는 다양한 새로운 종의 생명체들도 마찬가지이다. 인류가 자신이 만들어낸 다양한 종들과 함께 사이좋게 살아나가야 한다는 것이 눈 앞에 닥친 현실이다.

공존과 상생은 전 지구적 과제가 되었다. 이제 지구라는 공동 터전에서 성차별, 인종차별을 넘어서 종차별을 극복하는 문제가 남았다. 동물이나 식물, 전 지구 생명체들의 훼손과 남용의 결과는 결국은 인류가 풀어야 할 과제이다. 동종 간의 화해와 협력뿐 아니라 인간이 상상 불가능한 종을 포함한 타종과의 교류와 공존 또한 중요하게 되었다. 이제 인간이 중심이 되어 다른 종을 바라보았던 관점은 수정되지 않을 수 없다. 자신만을 위한 '이기적'인 관점을 지녔던 인간이 이제는 어쩔 수 없이 다른 종에도 관심을 돌릴 수밖에 없는 상황이다. 다른 종들도 인간의 친척이니 말이다.

식물은 자기 생을 영위하면서도 다른 생명체들을 배려해 줄줄 안다. 배려해 주기도 하고, 협력관계를 유지하기도 하고, 때로는 혼을 내주고, 경우에 따라서는 어느 정도 자신을 희생하기도 한다. 하지만 식물은 멸종하지 않았다. 수많은 종들이 생멸을 거듭해왔지만 식물은 이 지구의 터줏대감으로 당당히 자신을 지키고 있다. 이것은 어째서인가? 그 답은 바로 식물들이 많은 종류의 생물들과 다양한 방식으로 아주 오랫동안 서로 도움을 주고 받으며 살아왔다는 데 있는 게 아닐까?

북아메리카 대륙을 점령하여 세워진 미국 정부가 원주민인 인디언에게 땅을 팔라고 하였을 때 시애틀의 인디언 추장이 보낸 편지는 마음을 찡하게 감동시킨다.[103] 이 편지에는 지구의 생명체들이 더불어 사는 것이 무엇인지, 왜 우리가 땅과 거기 속한 모든 것을 아끼고 사랑해야 하는지가 잘 나타나 있다.

시애틀 추장의 편지

워싱턴에 있는 대통령은 우리에게 편지를 보내어 우리 땅을 사고 싶다는 뜻을 전합니다. 하지만 하늘을 어떻게 사고팝니까? 땅을 어떻게 사고팝니까? 우리에게, 땅을 사겠다는 생각은 이상하기 짝이 없어 보입니다. 맑은 대기와 찬란한 물빛이 우리 것이 아닌 터에 어떻게 그걸 사겠다는 것일는지요?

이 지구라는 땅 덩어리의 한 조각 한 조각이 우리 백성에게는 신성한 것이올시다. 빛나는 솔잎 하나하나, 모래가 깔린 해변, 깊은 숲 속의 안개 한 자락 한 자락, 풀밭, 잉잉거리는 풀벌레 한 마리까지도 우리 백성에게는 신성한 것이올시다. 이 모든 것이 우리 백성의 추억과 경험 속에서는 거룩한 것이올시다.

우리는 나무껍질 속을 흐르는 수액을 우리 혈관에 흐르는 피로 압니다. 우리는 이 땅의 일부요, 이 땅은 우리의 일부올시다. 향긋한 꽃은 우리 누이올시다. 곰, 사슴, 독수리…… 이 모든 것은 우리의 형제올시다. 험한 산봉우리, 수액, 망아지의 체온, 사람…… 이 모두가 형제올시다.

반짝거리며 시내와 강을 흐르는 물은 그저 물이 아니라 우리 조상의 피올시다. 만일에 우리가 이 땅을 팔거든 그대들은 이것이 얼마나 거룩한 것인가를 알아주어야 합니다. 호수의 맑은 물에 비치는 일렁거리는 형상은 우리 백성의 삶에 묻어 있는 추억을 반영합니다. 흐르는 물에서 들리는 나지막한 소리는 우리 '아버지의 아버지의……' 음성입니다.

강 역시 우리의 형제입니다. 강은 우리의 마른 목을 적셔줍니다. 강은 우리의 카누를 날라주며 우리 자식들을 먹여 줍니다. 그러니까 그대들은 형제를 다정하게 대하듯 강 또한 다정하게 대해야 합니다.

(중략)

우리는, 땅이 사람에게 속하는 것이 아니라 사람이 땅에 속한다는 것을 압니다. 우리는, 이 세상 만물이 우리가 핏줄에 얽혀있듯 그렇게 얽혀있다는 것을 압니다. 우리는, 사람이 생명의 피륙을 짜는 것이 아니라는 것을 압니다. 우리는, 우리의 삶이라고 하는 것이 그 피륙의 한 올에 지나지 않는다는 것을 압니다. 우리는, 사람이 그 피륙에 하는 것은 곧 자신에게 하는 것임도 잘 알고 있습니다.

(중략)

우리는 이 땅을, 갓난아기가 어머니의 심장 소리를 사랑하듯 사랑합니다. 그러니 만일에 우리가 이 땅을 팔거든 우리가 사랑했듯이 이 땅을 사랑해 주시오. 우리가 보살폈듯이 보살펴주시오. 그대들의 것이 될 때 이 땅이 간직하고 있는 추억을 그대들 마음속에 간직해 주시오. 자식들을 위해서라도 이 땅을 잘 간직하면서, 하느님이 우리 모두를 사랑하듯 이 땅을 사랑해 주시오.

우리가 이 땅의 일부이듯, 그대들도 이 땅의 일부올시다. 이 직책은 우리에게 소중합니다. 이것은 그대들에게도 소중합니다. 우리는 하느님은 한 분뿐이라는 것을 압니다. 홍인종이 되었든 백인종이 되었든 인간은 헤어질 수 없다는 것도 압니다. 우리는 결국 형제인 것입니다.

카멜레온처럼

변하지 않는 생명은 죽은 것이다

인생에는 계절이 있고

모든 것이 변한다

시련과 모험 속에서

확 변신하면서도

늘 그러함을 지닌다.

우주와 시간이 부지런히 가듯

우리도 꾸준히 적응한다

변화의 기로에서

오이디푸스^{Oedipus} 신화에 나오는 반인반수의 스핑크스는 테베의 바위산 근처에 살면서 사람들에게 수수께끼를 내고는 풀지 못하는 사람들을 냉큼 자신의 제물로 삼는다.[104] 오이디푸스도 이 곳을 지나다가 그 수수께끼에 걸린다. "아침에는 네 다리로, 낮에는 두 다리로, 밤에는 세 다리로 걷는 짐승이 무엇이냐?"라는 스핑크스의 질문에, 오이디푸스는 "그것은 사람이다."라는 정답을 내었다. 사람이 어렸을 때는 네 다리로 기고, 자라서는 두 발로 걷고, 늙어서는 지팡이를 짚고 세 다리로 다니니까 말이다. 이 답을 들은 스핑크스는 수치와 분노로 몸을 던져 자살했다고 한다.

사실 단순한 질문이고 인간 자신에 관한 수수께끼인데 왜 많은 사람들이 이것을 풀지 못하고 스핑크스의 밥이 되었을까? 누가 되었든 인간은 자신의 존재에는 둔감하다. '나'라는 거울을 들고 '남'을 보느라 바빠서, 오히려 자신은 인식하지 못하고 사는 것이 우리네 실정이다. 언젠가는 세 개의 발로 걷게 되리라는 것을 알지 못하는 것이다.

영화 〈벤자민 버튼의 시간은 거꾸로 간다^{2009}〉에는 삶의 소중한 단편들이 펼쳐진다. 이 작품의 매력은 스핑크스의 수수께끼가 거꾸로 놓여진다는 것이다. 벤자민 버튼의 일생은 아침엔 세 발로, 낮엔 두 발로, 저녁엔 네 발로 가게끔 프로그래밍 되어 있다. 그래서 그는 노인의 모습으로 태어나고, 나이를 먹으면서 소년에서 아이, 다시 어린 아기로 바뀐다. 영화의 시작 부분에 전쟁에서 죽은 아들이 살아 돌아오기를 갈망하는 시계공의 염원으로 거꾸로 가는 시계가 역에 걸리는데, 이 무렵 벤자민은 쭈글쭈글한 노인의 얼굴로 세상에 태어난다.

거꾸로 가는 시계처럼 다른 사람들과 역행하는 그의 삶은 태어날 때부터 그에게 아픔이었다. 하지만 긍정적인 그는 남들과 전혀 다른 단계 단계의 삶을 끊이지 않는 모험으로 받아들이며, 소중한 사람 데이지를 자신만의 시간표 속에서 만나 사랑하는 행복을 가진다. 벤자민의 죽음과 때를 맞추어 역에 걸린 거꾸로 가는 시계는 디지털시계로 교체되지만, 시간이 순행하든 역행하든 인생에서 귀중한 것은 용기와 긍정, 사랑하는 사람에 대한 변하지 않는 마음임을 이 작품은 말해 준다.

우리는 삶에서 변하지 않는 것을 추구한다. 지속적인 일상, 변하지 않는 사랑, 변하지 않는 우정, 변하지 않는 진리, 변하지 않는 외모, 변하지 않는 젊음 등. 그것이 가시적인 것이든 아니든 간에 우리는 불변의 것들을 추구하는 경향이 강하다. 변화하는 유한한 삶을 살아서일까? 나무 중에서도 사계절의 변화를 반영하는 것들보다는 늘 푸른 잎을 자랑하는 상록수를 찬양하는 것처럼 말이다. '영원함'은 우리 인간들이 부러워하는 것이다. 그것은 신만이 지닐 수 있는 것이기에. 하지만 인생의 매력이 변화에 있다는 걸 생각해 보면 어떨까?

현대인들에게 신 같은 존재들이라면 단연 유명 배우들을 꼽을 수 있다. 그들의 미소 한 번에 가슴이 철렁하고 그들이 한 번 찡그리면 마음이 서늘하다. 그들의 말과 행동이 최대 관심사인 열성팬들은 파파라치처럼 정신없이 그들을 좇기도 한다. 그들처럼 되고 싶은 우리들은 배우들의 목이나 손에 감긴 액세서리, 그들의 몸을 두른 옷, 그들의 손에 들린 가방이라도 함께 공유하고 싶어 한다. 배우들은 살아있는 신인 셈이다.

무엇이 그렇게도 그들에게 열광하게 할까? 그들은 자신의 삶만을 살지 않는다. 우리가 한 번의 인생을 산다면, 그들은 능력과 조건에 따라 심지어는 수십 가지에 달하는 삶을 살 수도 있다. 그들은 다른 인격인 페르소나persona를 뒤집어쓰고는 이 작품 저 작품에서 활약한다. 각기 다른 배역으로 활약하는, 작품 속의 그들은 변화무쌍하다. 특히나 대중의 관심을 끄는 작품들은 수도 없는 긴장이 반복되어 가슴이 두근두근하는 모험의 이야기들이다.

귀여운 아이가 청년이 될 때까지 오랜 세월 동안 전 세계인을 달구었던 조앤 K. 롤링의 『해리포터』 시리즈를 보면, 주인공은 수만 개의 목숨을 가진 듯이 위기의 순간을 지난다. 해리포터 이야기뿐 아니라 대부분의 드라마와 영화의 주인공들은 시련과 위기의 파도를 수도 없이 넘는다. 그들은 바로 다름 아닌 모험에 가득한 '영웅'을 연기한다. 이런 모험과 시련을 표현해주는 배우들은 다시금 우리의 우상이 되고, 레드 카펫이나 사인회에서의 그들의 현현은 우리의 성스런 예배가 된다. 그들은 우리에게 영웅 같은 존재인 것이다.

영웅과 모험

오이디푸스의 끝도 없는 모험, 주몽의 시련과 극복은 지금도 현대인들이 즐기는 메뉴이다. 그런데 왜 우리는 영웅에 환호할까? 우리의 삶에 아픔과 시련이 없다면 영웅의 모험에 공감하지 못할 것이다. 신이나 신적인 존재, 운명에 대항하며 자신의 연약함을 강함으로 바꾸어 보여주는 영웅들은 우리를 흥분시키고 감동시키고 숙연하게 만든다. 지금은 고요해 보이지만 언제 뒤집어질지 모르는 바다와 같은 우리의 인생 항해 길을 멋지게 헤쳐나간 이들이 바로 영웅들이니까 말이다.

그렇다. 우리들은 영원을 바라지만 변화의 역동적인 리듬을 즐기기도 한다. 파리 거리를 걸으면 다채로움을 느낄 수 있다. 세느강의 시원달콤한 바람이 도시를 포위하고 질세라 청명한 햇살이 따라 들어온다. 시리도록 새파란 하늘 아래 펼쳐지는 풍경은 흥겹다. 단 한 채도 똑같지 않은 아파트들, 거리 구석구석 유서 깊은 조각품들, 동상들. 무엇보다 다채로운 즐거움을 주는 것은 바로 사람들, 파리 거리를 거니는 시민들이다. 얼굴색도 다 다르고 머리 색깔과 모양도 다 다르고 옷 입은 것도 다르고 모든 것이 죄다 다르다. 그들은 다양성과 변화를 꽤나 즐기는 것 같다.

종잡을 수 없는 변화, 환경과 기후의 변화, 세상의 변화, 사회의 변화, 과학과 기술의 변화와 발전, 우리 예상의 범위를 이미 훨씬 벗어난 다양한 종류의 변화들은 지금 이 순간도 그 수레바퀴를 빠른 속도로 돌리고 있다. 이제 우리는 그 무엇도 예측할 수 없으며 어떤 발전과 진보가 어떤 속도로 우리 문명의 바퀴를 돌릴지 전혀 상상할 수 없다. 이 기막힌 변화의 소용돌이 속에서 우리는 어떻게 살아내야 할까? 우리 각자가 모험의 세계로 떠나는 영웅이 되어야 하는 것은 아닐까?

아이들은 영웅이다. 아이들은 미지의 세계를 두려워하지 않으며 자발적으로 그 속으로 뛰어든다. 아기가 엄마 뱃속에서 태어날 때를 생각해 보자. 아기들은 9개월 동안 엄마의 심장 소리를 들으며 태반을 통해 먹을 것을 받아먹고 편안히 지낸다. 그러다가 어느 순간 집이 흔들리고 자기를 둘러싸고 있던 보호막이 터져 버린다. 엄청난 충격이다. 계속되는 지진과 홍수 속에서 더 이상 이곳에 있을 수 없어진다. 버티기도 힘들지만 버텼다가는 죽음을 맞이할 것이다. 이 시간은 길면 수십 시간이 될 수도 있다.

기나긴 분만의 시간을 견디는 아기라면 인내심이 많은 아기라는 걸 직감해도 될 것이다. 아님 겁이 많은 아기일 수도 있다. 아들 녀석은 무려 2박 3일을 뱃속에서 버텼다. 엄마랑 떨어지기 싫었던 건지, 세상에 나오기가 무서웠던 건지…… 결국 과숙아라서 제 힘으로 나오지는 못했다. 쭈욱 지켜보니 참을성이 좋은 아이인 듯하다.

다시 본론으로 돌아가자. 견딜 수 없어진 아기는 좁은 산도를 비집고 바깥세상으로 비틀비틀 나온다. 나오는 순간은 또 얼마나 충격적일까? 밝은 빛과 처음 맛보는 공기, 와글와글 시끄러운 소리. 이 모든 게 아기에겐 두려움이다. 하지만 아기는 생의 첫 번째 모험을 성사시켰고 드디어 세상에 나왔다. 첫 울음소리는 이 영웅의 포효이기도 할 것이다.

조금 자라나 걷고 뛰면 아이들의 모험의 장소는 놀이터가 된다. 집

앞 놀이터는 34도가 넘는 더위 속에서도 삶의 모험을 간절히 원하는 아이들의 고함으로 가득 차 있다. 정글짐, 미끄럼틀, 뱅뱅이, 시소, 그네 등등 아이들은 이곳에서 용기와 모험심을 기른다. 그네는 높이 오르면 반드시 떨어진다는 걸 아이들에게 가르치지만, 아이들은 그네를 타고 하늘 끝에 오르고 싶어 한다. 정글짐은 그 자체로 무궁무진한 탐험의 세계이다. 자신이 아직도 아이인지 아님 어른이 되었는지 궁금하다면 그네를 타보면 된다. 그네를 타고 하늘로 오를 때 짜릿함이 느껴지면 아직 아이 또는 젊은이고 어지럽고 땅이 빙빙 돌면 이제 더 이상 아이가 아니다. 하지만 어른에게도 규모가 큰 활기찬 놀이동산은 여전히 꿈의 낙원이다.

살아있음은 매순간 모험이다. 어려서 사고를 잘 치는 아이, 말썽꾸러기 아이는 골칫덩이가 아니다. 사고뭉치 아이들을 눈여겨보자. 아이에게 모든 것은 의문투성이이고 호기심 그 자체이다. 말을 못하는 아이는 궁금한 것을 물어볼 방법이 없기 때문에 무엇이든 손에 쥐고 조물락거리다가 입으로 가져간다. 기어 다니며 궁금한 것이 있으면 모두 입에 한 번씩 넣어 본다.

딸아이가 어려서 주로 한 일이 이런 거였다. 잠시만 눈을 떼면 기어 다니다가 입 안 가득 무얼 넣고는 우물거린다. 얼른 뛰어가 입에 손을 넣고 빼내려 하면 입을 앙 다물고 버텼다. 처음에는 먹기를 좋아해서 그런 건가 했는데 나중에는 호기심 때문이란 걸 알게 되었다. 자기 연구대상을 엄마가 가져가려 하니 안 내놓으려 한 거다. 이런 행동이 위험한 일이긴 하지만 한심한 것은 아니다. 아이들은 머리로 생각하기 전에 느끼고 경험하는 것이다.

어른들에게는 마룻바닥이 별 것 아니지만, 이제 기어 다니는 아이에게 이 바닥은 무궁한 우주이다. 아이의 세심한 눈동자 센서에는 모든 것이 다 잡힌다. 태양 광선에 반짝이는 물방울 얼룩, 떨어뜨린 과자 부스러기, 개미나 집안의 각종 곤충, 먼지 등등. 하나씩 손에 쥐고 느껴보는 건 아이가 살아있다는 것이고 반응한다는 것이고 경험한다는 것이다. 한 번씩 쥐어보면 쏜살같이 내달리는 것은 개미이고 다가가도 별 반응이 없는 것은 과자 부스러기란 걸 알게 된다. 삶은 반응이고 경험이고 모험이다.

평온보다는 변화를, 활기찬 변화를 아직도 즐긴다면 당신은 영원한 젊은이고 아이이다. 호기심이 넘치고 탐험을 즐기며 새로운 환경을 찾아다니는 사람은 보기만 해도 싱싱하다. 탐험은 몸으로도 하지만 정신으로도 할 수 있다. 둘 다 멋지다. 정신의 탐험인 책 읽기는 당신을 영원한 청춘으로 만들어 줄 것이다. 몸으로 하든 마음으로 하든 간에 인생의 탐험은 멋진 것이며 우리는 우리 자신이 얼마나 역동적인 존재인지 알게 된다. 변화를 즐기고 변화를 만드는 것은 알찬 경험이다. 그러면 당신은 변화하는 세상을 더 이상 두려워할 필요가 없으며 세상과 함께, 어쩌면 세상보다 더 빨리 갈 수도 있다.

유목민처럼

　인간을 비롯한 모든 생물체들은 항상 일정한 환경 속에 놓여있다. 생명체들은 환경과 상호작용을 하면서 생명활동을 이어간다. 이것이 그들의 운명이다. 그런데 환경이란 것이 늘 온화하고 우호적인 것은 결코 아니다. 환경들은 변화무쌍하고 때로는 생명체들에게 위협적이다. 그래서 생존의 문제가 발생한다. 자신의 생명유지와 발전에 꼭 필요한 조건들이 충족되지 못하면 어떻게든 이를 극복해내야 한다.

　식물은 이동하지 못한다. 환경이 그들을 힘들게 해도 옮겨가지 못한다. 그들은 무기력해 보이지만 바로 그 이유 때문에 엄청난 생명력을 지니게 된다. 머물러 있는 자만이 얻어내는 적응력이다. 운명에 순응하는 자에게 주어지는 선물이라고 할까! 식물들은 움직이지 못하기 때문에 더 많은 노력이 따른다. 동물은 환경이 주는 도전과 기회에 이동함으로써 대처할 수 있지만 식물은 그러한 환경에 자신의 생장을 변화시켜서 반응한다.

　식물은 필요에 따라 자신의 모습을 잘 바꾸기 때문에 형태만 보고는 그것이 잎인지 줄기인지 뿌리인지 구별이 잘 안 된다.[105] 전 세계인이 즐겨 먹는 통통한 양파와 감자는 뿌리가 아니고 변형된 줄기이다. 이파리가 덩굴손이 된 것도 있다. 완두의 덩굴손은 원래 이파리인데, 코일을 만들어 지지체를 가까이 끌어당긴다.

　수련의 잎은 두 가지 모습이다. 물 위에 떠 있는 이파리는 몸체를 띄우느라 둥글고 크지만, 물속의 잎은 물살에 상하지 않도록 깃털 모양을 하고 있다. 사막에 사는 선인장의 뾰족한 가시는 사실은 이파리이다. 뜨거운 사막에서 수분 손실을 최소한으로 줄이려고 변형된 것이다. 그래서 선인장은 이파리 대신 녹색의 줄기가 광합성을 한다. '크리스마스꽃'이란 별명으로 잘 알려진 포인세티아의 매력적인 붉은 잎은 꽃잎이 아니고 꽃을 둘러싼 변형된 잎이다. 이 화려한 잎은 수분매개자들을 유혹하는 일을 한다.

해변의 피서객은 더위를 피하려고 온 몸을 모래 속에 파묻고 머리만 내놓는다. 식물 중에도 이렇게 사는 것이 있다. 북아프리카 칼라하리사막은 일 년 내내 강수량이 고작 20센티미터 정도이고 낮 기온은 섭씨 45도까지 올라간다. 이 곳에 사는 돌식물은 두 개의 이파리 끝만 위로 올리고는 나머지는 모두 땅속에 숨겨둔다. 이 이파리 끝에는 밑으로 빛을 투과시키는 투명한 렌즈 같은 세포가 있어 광합성도 할 수 있다. 살짝 일그러진 반달 모양의 이 이파리는 언뜻 보면 관상용 자갈이나 예쁜 무늬가 있는 옥처럼 보인다. 사람으로 치면 머리도 아니고 눈만 빼꼼히 내놓은 셈이다. 돌식물은 지하저택 속에서 수분도 보존하고 더위도 피한다.

남태평양 해안가의 할라나무는 지지근을 갖는다. 이 나무는 키가 큰 데다가 꼭대기도 무거워 원래 뿌리로는 자신을 지탱하기 어려워서 쓰러지지 않으려고 줄기에서 땅으로 여러 개의 지지근을 뻗쳤다. 맹그로브는 열대지방의 큰 강어귀나 얕은 바다 속 진흙에서 자라는 식물인데, 밀물과 썰물 사이에서 호흡하는 것이 큰 과제이다. 그래서 물 위로 30센티미터에서 1미터 이상이나 되는, 공중으로 솟은 수백 개나

되는 호흡뿌리를 만들어 냈다. 식물은 이렇게 필요에 따라서 이파리나 줄기, 뿌리의 모습을 자유자재로 바꾼다.

식물 중에 좀 특이한, 얄밉거나 으스스한 친구들이 있다.[106] 이들은 다른 식물 동료들과는 달리 자신의 생활양식을 통째로 바꾸었다. 대부분의 식물들이 상호 호혜적으로 다른 생물들과 공생하는 데 반하여 이들은 다른 생명체를 이용하여 영양을 취한다. 숙주식물에 뿌리를 내리고는 물, 무기물, 광합성의 산물들을 몽땅 훔쳐가는 기생식물과, 다른 나무의 동체나 가지에 터를 잡고 사는 착생식물, 그리고 광합성은 하지만 곤충이나 작은 동물들을 잡아먹어서 부족한 무기질과 인을 보충하는 식충식물이다. 이들은 사는 방식이 특이한 만큼 움직임과 이동도 다른 식물들과 비교하여 민첩하고 신속하다. 부족한 영양분을 보충해야 하므로 때로는 동물처럼 재빨리 움직인다. 식물 가족 중에서는 유목민 급이다.

수초인 통발Utricularia vulgaris은 세상에서 가장 민첩한 식물일 것이다. 호수 위를 떠다니는 통발은 덫 역할을 하는 수백 개의 공기주머니를 장착하고는 물벼룩이나 곤충 애벌레 등을 노린다. 곤충을 잡는 공기주머니의 입구는 여닫이문 식으로 되어 있는데, 곤충이 주머니 입구 쪽에 나 있는 기다란 섬모 같은 것에 닿으면, 입구가 열려서 곤충을 순식간에 빨아들인다. 빨려들어간 곤충들은 통발에게 영양분과 미네랄을 공급하므로 통발은 뿌리가 없어도 살 수 있다.

기생식물인 미국실새삼Cuscuta pentagona의 새싹은 삼사일 내에 숙주식물을 찾지 못하면 죽는다. 이 새싹은 씨앗이 가진 양분도 아주 적은

데다 이파리를 만들지 못해 광합성도 못한다. 그래서 최대한 빨리 숙주식물을 찾아서 그 즙을 빨아먹는 수밖에 없다. 실새삼이 숙주식물인 토마토의 냄새를 맡으면 싹의 끝부분을 빙빙 돌려 토마토 쪽으로 향한다.

이처럼 이들은 일반적인 식물들과는 다르게 산다. 그들의 생존방식은 환경이 너무도 척박해서 자력으로 살아내기 힘든 식물들의 궁여지책이다. 이것도 그들만의 생존을 위한 전략이니 칭찬할 순 없지만 그렇다고 너무 욕하지는 말자.

식물은 정착해서 살지만 유목민의 슬기를 지녔다. 상황과 조건에 따라 자신의 속성과 구조를 자유자재로 바꿀 수 있으니 말이다. 식물은 햇빛이 모자랄 때, 수분이 부족할 때, 공기가 부족할 때, 너무 더울 때, 양분이 모자랄 때 자신을 변화시켜 능동적이고 적극적으로 위기를 극복해 나간다. 인간도 그렇게 생존에 가장 적합한 변화를 그때그때 가질 수 있다면 얼마나 좋을까?

인내와 수용, 변신

식물들은 연약해 보이지만 생명의 근원이고 스스로도 엄청난 생명력을 지니고 있다. 그것은 그들이 지닌 적응력과 수용성 때문일 것이라고 생각한다.[107] 들판에서 바람에 시달리는 나무들은 키가 크지 않다. 나무는 자신이 바람에 흔들리고 휘어진다는 것을 얼른 알아차리고는, 위로 자라지 않고 바람에 버티기 좋게 옆으로 몸을 키운다. 다이어트 하는 대신 근육질의 빵빵한 몸매를 만든다. 이는 다른 곳으로 도망갈 수 없는 식물의 입장에서는 최선의 방책이다.

옥수수를 키울 때 매일 30초씩 흔들어 괴롭히면 수확량이 30~40% 줄어든다고 한다. 흔들리는 데 스트레스를 받은 옥수수는 열매를 키우는 것보다는 줄기와 이파리를 튼튼하게 하는 데 자신의 자원을 투입하기 때문에 열매는 그만큼 줄어든다. 이것은 옥수수로서는 현명한 선택이다. 줄기가 꺾여서 바닥에 뒹구는 것보다 낫기 때문이다. 옥수수 열매가 많이 달리기를 바란다면 많이 건드리지 말고 되도록 평온한 환경에서 키워야 할 것이다.

실험실에서 미풍조차 쏘이지 않고 자란 빨강명아주Oxybasis rubra는 실험실을 벗어나기만 하면 죽은 듯이 축 늘어진다. 이들은 바람을 전혀 쏘이지 않아 이동이나 진동을 견디지 못하는 것이다. 실험실에 꼭 환풍기가 있어야 하는 이유이다. 하지만 몇 주만 지나면 바람이라는 새로운 환경에 익숙해져 다시 꼿꼿해 진다. 추위도 마찬가지다. 갑자기 추위가 엄습하면 식물들은 기온이 서서히 떨어질 때와는 비교가 안 되는 타격을 입는다. 그래서 추위에 견딜 수 있도록 바로 세포막을 개조하는 작업에 들어가고 서리를 극복할 수 있는 물질을 만들어 둔다.

갑자기 자외선을 많이 쏘여도 마찬가지이다. 겨울이 끝났다고 햇살이 강하게 내리쬐는 발코니에 화분을 내놓으면 식물은 그만 화상을 입는다. 이파리에 자외선 차단 물질을 생산하는 시간을 주지 않아서이다. 땅이 완전히 물에 젖어서 뿌리에 산소부족이 일어나도 식물에게는 치명적이다. 우리가 식물을 키우면서 흔히 저지르는 실수가 물을 자주 흠뻑 주는 것이다. 하지만 산소 부족이 서서히 진행된다면 뿌리는 외부에서 공기를 빨아들이는 관을 얼른 만들어 낸다.

토양에 염분이 너무 많아 물을 흡수하기 어려워지면 식물은 염분을 이파리에 모아 둔다. 그리고는 바람과 비를 기다려서 자연스럽게 염분을 탈탈 털어 낸다. 열대지역에서 사는 맹그로브는 과도한 염분을 처리할 때 죽은 겉껍질이나 곧 떨어질 나이든 이파리로 보내기도 한다. 비가 오지 않고 건조한 날이 지속되면 식물은 수분 증발을 줄여서 이에 대처한다. 수분이 부족하면 특정 호르몬이 작용하여 기공을 닫게 만든다. 수분 부족으로 이파리들이 시들게 되면 돌돌 말아서 건조한 공기와 바람에 노출되는 표면적을 줄인다. 우리가 흔히 보는 장면이다.

뿐만이 아니다. 식물은 자라나면서 자신이 속한 환경을 적절히 통제하여 최적의 상태를 만들기까지 한다.[108] 식물은 화학물질의 종류와 양을 조절해 토양을 자신에게 가장 좋은 상태로 유지한다. 그래서 자신의 건강과 성장을 지킨다. 식물들은 가지를 뻗는 방식과 양분의 흡수과정, 광합성 능력, 화학적 성질도 바꿀 수 있다.

무엇보다 놀라운 것은 식물은 자신을 변종으로 만들어 확 변신해버리는 기술을 가진다는 것이다.[109] 단번에 변종을 만들어내는 것이다. 식물이 스트레스를 받을 때 유전자 구조를 재배열한다는 사실을 처음으로 발견한 이는 옥수수 연구가인 노벨상 수상자 바바라 매클린톡Barbara McClintock이었다. 그녀는 스트레스를 받은 옥수수들이 예측할 수 없는 유전자 변화에 돌입한다는 것을 발견하였다.

옥수수를 먹다 보면 옥수수 한 개 속에 낱알 색깔이 다양해서 알록달록한 것을 볼 수 있는데, 이는 식물이 스트레스를 받을 때 유전자 구조를 재배열해 버린 결과이다. 염색체의 명령을 따르지 않고 자유롭게 염색체 안에서 여기저기 옮겨다니는 유전자들을 트랜스포존 또는 전위유전자jumping gene라고 하는데, 이들은 자신들이 속한 개체가 스트레스를 받으면 스스로를 복제하여 만드는 능력을 가졌다.

식물들은 이 유전자를 이용해서 부분적으로 유전자 구성을 재배열한다. 환경적인 스트레스를 받으면 유전자 구조를 유동적으로 바꾸어서 단기간에 고도의 변종들을 만들어 낸다. 우리 인간들은 유전자 연구에 엄청난 시간과 노력이 들어가고 시행착오도 만만치 않다. 하지만 식물들의 변신은 자연적이고 거의 천재적이다.

식물은 고정적이지 않고 늘 변화한다. 자신의 터전이 바뀌어도 그 환경에 적응하여 변화하면서 다양한 모습으로 진화한다. 모든 식물들은 자신이 처한 환경에 적극적으로 적응하고 생존한다. 식물은 갑자기 강풍이 불 때, 추위가 닥쳤을 때, 강렬한 빛과 마주쳤을 때, 홍수가 왔을 때, 햇빛이 모자랄 때, 수분이 부족할 때, 양분이 없을 때 등 어떠한 힘든 여건 속에서도 지혜롭게 자신의 삶의 방식을 바꾼다.

이러한 식물의 능력을 활용한 것이 감지식물Wired–Plants이다.[110] 미국 과학자들은 바이오 테러, 유독성 화학제품, 또는 바이오 약품 침입 시 이를 바로 감지할 수 있는 감지식물을 개발했다. 씨나 잎의 색깔이 변하도록 만든 이 감지식물은 화생방전, 생물균, 탄저균의 출현을 알아챌 수 있으며 농작물에 발생한 병원균을 미리 알 수 있고 과일의 숙성도도 파악한다. 또 땅속의 지뢰나 보물도 찾아낼 수 있다. 어디서든 두루 쓰일 수 있는 든든한 경비병이다.

영화 〈마이너리티 리포트²⁰⁰²〉에도 이 유전자 조작 감지식물이 등장한다. 범죄예방국 반장에서 졸지에 수배자가 된 주인공 존 앤더튼 형사가 도움을 구하려고 하이네만 박사집의 담을 넘을 때, 그를 휘어 감는 식물이 바로 담쟁이넝쿨인 변종 독아재비들이다. 그가 도망치자 독아재비들은 이번에는 가시로 목을 할퀴어 공격한다. 중독된 그는 결국 박사가 주는 해독차를 마시고서야 겨우 살아난다.

식물의 이러한 뛰어난 생명력에 착안하여 노르웨이에서는 지구 최후의 날을 대비한 현대판 '노아의 방주'인, 씨앗과 유전자의 저장고를 만들었다.[111] 노르웨이 북극 스발바드 군도의 산비탈을 깊숙이 파서 천연의 보관소를 만든 것이다. 2008년 완공된 '국제종자저장고'에는 '최후 심판의 날 금고'라는 별명이 붙었는데, 여기에는 무려 종자 450만 종이 저장되어 있다.

적응과 균형, 항상성

식물들은 정착생활을 하지만 노마드유목민적이다. 변화하는 그들의 성향과 능력이 그들을 그렇게 만들었다. 그들은 언제 어디서나 모든 환경에 잘 적응하고 '무한변화' 한다. 그럼으로써 그들은 항상성을 지닌다. 항상성은 변화를 조절하는 능력이다. 식물은 햇빛을 받으며 광합성을 통해 자신의 항상성을 유지하고 탄소동화작용으로 지속적으로 산소를 뿜어낸다. 이는 그들이 대지 또는 하늘과의 상호작용에서 지속적인 변화를 시도하는 것이다. 항상성*은 생물체의 생존에 중요한 것이다.[112] 생체 내 시스템이 제 기능을 하지 못하면 항상성은 파괴된다. 이렇게 되면 세포들이 생존하는 데 적절한 환경을 가지지 못하므로 고통을 당한다. 항상성 파괴가 심하게 되면 생존이 불가능하게 되어 죽음에 이른다.

식물은 어느 한순간도 변하지 않는 때가 없다. 하지만 이 변화 속에서 식물들은 항상성을 갖는다. 그들은 항상 대지 또는 태양, 그리고 공기와 호흡한다. 그래서 식물에게 굴광성^{屈光性}, 굴지성^{屈地性} 등의 본성이 있는 것이 아닐까? 세상은 끊임없이 요동하지만 식물은 변화하는 환경 사이에서 항상성을 유지한다. 변화와 위험, 환경에 대응하는 식물들의 적응력과 방어력은 뛰어나다. 변화 속에서 항상을 추구하는 식물적 속성은 현대 인류에게 어떤 교훈을 줄까?

인간은 식물을 경작하면서 정착민이 되었다. 놀라운 농업혁명의 결과이다. 농경으로 인해 먹을 것이 확보되었다. 산업이 발달하면서 한동안 인간은 정착하여 살았다. 하지만 지금은 4차 산업혁명인 과학기술의 시대가 되었다. 정착하고 있는 듯이 보여도 우리는 실제공간에서나 가상공간에서 쉼 없이 움직인다. 변화는 빛의 속도이고 우리는 그 변화에 그렇게 빨리 적응하지 못한다.

....

* 항상성은 여러가지 변화 속에서도 생존을 위해 형태적 상태·생리적 상태를 안정적으로 유지하는 것이다.

우리가 사는 이 시대는 카멜레온의 적응력을 우리에게 요구한다. 눈이 뱅뱅 돌아가는 변화 때문에 현기증이 나는 게 요즘 현실이다. 굳이 놀이동산에 가지 않아도 가슴이 철렁하는 스릴이 도처에 깔려 있다. 과학기술의 도약적 발전으로 조금 있으면 집집마다 가사도우미 로봇을 두게 될 것이다. 반려동물 대신 반려로봇이 우리의 외로움을 채워주게 될 것이다. 로봇은 애인 노릇도 할 수 있겠지? 영화 〈그녀2013〉를 보면 인공지능이 인간의 마음을 얼마나 잘 분석하고 섬세하게 배려해주는지 알 수 있다. 슬프게도 '그녀'는 자신의 빠른 진화 속도로 인해 결국에는 주인공 테오도르에게 작별을 고하지만 말이다.

빠르게 변하는 세상은 국경과 민족의 견고한 울타리를 헤쳐 놓기도 하고 또 한쪽에서는 '우리끼리만' 잘 살자고 외치기도 한다. 우리가 생생하게 오감으로 느끼는 세상은 서서히 가상현실로 대체되고 있다. 인간 문명이 만들어 놓은 '유사종교'인 사랑도, 단단한 공동체인 가족도 계속 변해가고 있다. 사랑이란 게 호르몬과 각종 원소의 장난질이라고 파헤쳐지고 있고 가족은 동성혼 가족, 혼합가족, 유전자 가족 등 다양화된다. 가족이야말로 예측불허로 변화하는 것 같다. 이 뒤숭숭한 변화의 소용돌이 속에서 어떻게 변하지 않고 독야청청할 수 있겠는가?

나무도 사계절을 즐긴다. 싹을 틔우고 꽃을 피우고 열매를 만들고 낙엽을 떨군다. 이런 과정들은 나무 삶의 재미이다. 특히 가을의 정취는 울긋불긋한 단풍들과 낙엽들이 주는 선물이다. 가을에 나무는 그렇게 공들였던 이파리들을 미련없이 털어내고, 앙상한 가지만 남겨서는 겨울채비로 들어선다. 그럴 수 있는 것은 그들의 두둑한 자원 덕이다. 봄이 되면 광합성을 해 줄 수 있는 어리고 싱싱한 이파리들을 다시금 길러낼 수 있으니까.

변화를 감지하고 그에 재빨리 적응하는 것은 과학기술과 생명공학이 휘몰고 도는 지금 세상에서 최선의 방책이다. 세상이란 배는 이미 저만치 가고 있는데, 칼을 빠뜨린 자리라고 뱃전에 자국이나 내고는 그 자리를 보듬고 있을 것인가? 우리의 생각과 가치관, 규범과 관습이 계속 변화해가지 않으면 우리는 화석 같은 존재가 되고 말 것이다.

식물은 어느 한순간도 변화하지 않은 상태가 없다. 식물들이 얼마나 재빨리 자신을 바꾸는지 우리도 배우지 않을 수 없다. 하지만 변화 속에서도 항상성을 유지해야 한다. 식물과 같은 항상성을 유지해야 한다. 변화 속에서 생명활동의 균형을 깨지 않도록 해야 한다. 항상성을 생각하면 '중용'이 떠오른다. 중용에 관한 오해는 넘치는 것과 모자라는 것의 중간이라는 것이다. 그래서 중용의 덕을 사랑하는 한국인들은 아주 점잖게 살려고 노력해 왔다. 어떤 상황에서도 감정을 최대치로 올리지 않으려고 한다.

원래 '중용'의 '중中'에는 '적중的中'과 '시중時中'의 의미가 있다.[113] 적중은 화살이 과녁의 정正 가운데에 꽂힌 것이다. 주변이 아닌 한가운데에 화살이 꽂혔을 때 우리는 그것을 적중하였다고 한다. 적중하려면 활시위를 잡고 당길 때 정신이 초 집중되어야 하며 다른 어떤 생각도 있어서는 안 된다.

시중은 상황이 핵심이다. 특정 상황, 특정 좌표, 특정 시간과 공간에서 어떤 행동을 하느냐의 문제이다. '그 상황에 맞는 그 행동'이 바로 시중이다. 그러니까 중용의 핵심은 '딱 들어맞는' '적절한' 행동이다. 이러한 중용의 적중과 시중은 변화에 대처하는 우리의 태도, 그리고 항상성과도 통한다.

인간은 의지를 갖고 있고 그것을 사용할 수 있다. 그런데 인간의 의지는 인간이라는 생명체에게 이득이 될 수도 있고 해로움을 줄 수도 있다. 인간은 자신의 의지로 자신의 생명에 위해를 가하기도 한다. 건강에 지독히 해로운 물질들을 몸 안에 퍼붓기도 하고 심지어는 스스로 목숨을 끊기까지 한다. 어떤 때는 생명에 기본적인 신진대사로서의 변화 자체를 거부해 버린다. 이러한 인간의 의지는 오히려 해악이 된다. 생명활동이란 바로 변화를 통한 항상성의 추구이기 때문이다.

식물은 운명에 순응하는 듯이 보여도 실은 적극적으로 자신의 삶을 개척한다. 억울한 일을 당했다고 '왜?'라고 반문하지 않는다. 자신을 그에 맞추어 능동적으로 개조하고 심지어 변종까지도 만들어 낸다. 식물의 지혜롭고 끈질긴 생명력은 자신도 변화할 뿐 아니라 환경까지도 변화시키는 힘을 지닌다. 인생에서 우리는 어떤 거센 바람을 맞고 또 어떤 추위에 시달리는가? 때로는 햇볕이 너무 따갑고 어떤 때는 수분이 너무 많아 질척대고 쓰디쓴 일을 당하기도 한다.

우리도 식물처럼 유연하게 자신의 삶에 적응할 수 있을까? 우리도 토양인 우리의 환경을 식물처럼 개조할 수 있을까? 자신의 정해진 사이클인 생로병사조차도 감당하기 힘든 것이 인간 존재이다. 그래서 이 생로병사를 사고四苦라고 하지 않았을까? 더군다나 인생에 한파가 오거나 홍수가 닥쳤을 때, 너무 강한 빛이 닥쳤을 때 사람들은 어떻게 반응할까? 주변 환경이 빚어내는 변화에 그리 빨리 적응하지 못하는 것이 인간이다. 성적이 떨어져서 그것을 비관해서, 사업에 실패해서 절망해서 자신의 삶을 마감해 버리는 사람들이 있다. 어떤 때는 연인이 돌아서서 그러기도 하고 직장에서 쫓겨나서 그러기도 한다. 변화한 환경에 적응하지 못한 것이다.

물론 복잡한 사고가 가능한 인간에게 닥치는 상황들은 식물과는 비교가 안 되는 힘든 상황이라고 할 수도 있다. 하지만 생명체로 태어나서 자신을 실현하고 구현해서 살아간다는 데에는, 식물이든 동물이든 인간이든 동일한 법칙이 작용되는 것이 냉정한 현실이다. 그 법칙은 이것이다. 환경에 잘 적응한 개체가 결국엔 살아남는다는 것. 적자생존이다. 그런데 이 환경은 매우 변덕스럽다. 살아남으려면 변덕스런 환경만큼 유연해야 한다. 식물처럼 말이다.

평온한 삶이 꼭 좋은 것일까? 어느 생명체이든 긴장과 도전, 갈등과 해소가 부단히 이어질 때 이것이 바로 '살아내는' 것이다.[114] 모든 생명활동을 마친 죽은 생명체는 아주 평온하다. 정신도 마찬가지다. 평온한 정신은 감각도 없고 의지도 없으며 활동력도 없다. 기민성을 상실하고 위기에 대응하지도 못한다.

식물의 삶은 결코 평온하지 않다. 언제 어디서 어떤 위험이 들이닥칠지 모르는, 일분일초를 예측할 수 없는 위태로움의 연속이다. 등산객의 발길에 무참히 짓이겨지고 나무꾼의 도끼에 몸뚱이가 잘리고, 아니면 곤충의 습격에 이파리와 가지를 내어주기도 한다. 식물이 올려다보는 하늘 또한 그에게 늘 관대하고 친절하지는 않다. 홍수를 내릴 때도 있고 비 한 방울 안 줄 때도 있다. 너무 춥거나 너무 더워서 식물의 생존을 어렵게 하는 고문을 가하기도 한다.

그래서 그들에게는 따로이 믿을 곳이 없다. 이 처절한 생존의 터에서 살아남기 위해 최대한 감각을 곤두세워야 한다. 지구상의 동물들이 모두 식물의 도움으로 살아가지만 그렇다고 식물들을 도와주지는 않으니까. 작은 자극에도 아주 민감하고 미세한 상처에도 재빨리 반응하는 그들의 기민성은 그렇게 생겨났다. 그리고 이러한 그들의 생명력이 그들을 존속시켜 왔다. 인간은 동물처럼 이동할 수 있기에 오히려 환경을 적극적으로 개조할 수 있는 기회를 가지지 못했던 것이 아닐까?

우리들은 식물에게서 배워야 한다. 그들의 포용력과 넉넉함을. 그들의 뛰어난 생산능력과 생존기교를. 그들의 고독과 재활능력을. 그리고 그들의 기민성과 생활력을. '식물처럼 살기'는 인류가 존속할 수 있는 기반이 될 것이다. 우리도 결국 식물에게로 돌아가니까.

문명의 끝에서 결국 식물만이 살아남을 것이다. 식물처럼 살지 않으면 인간 또한 공룡처럼 멸종할 위기에 처할 것이다. 식물을 배우자. 급변하는 세상에서 비록 천천히 움직여도 식물처럼 적응하고 변화하여 항상성을 유지하자.

하늘과
땅 사이에서

하늘이라는 이상과 땅이라는 현실

식물은 그 사이에서 균형잡고 산다

하늘바라기에서 땅으로 관심을 돌린 인류

여분의 수분과 양분을 어떻게 처리할까

하늘과 땅 사이에서

잘 살아내어야 하는데

나무처럼, 식물처럼

하늘바라기

영화 〈패션 오브 크라이스트[2004]〉는 예수가 당했던 고난의 사건들을 생생하게 그려냈다. 이 영화를 보면 2천 년 전 인류 구원의 현장에 나와 있는 것 같다. 그만큼 치열하고 생생하다. 죄라곤 없는 신의 아들이 인간의 죄 때문에 극한의 고통을 당한다. 이 영화 앞에서 눈물을 쏟아낸 그리스도교인들이 얼마나 많은지 모른다. 매년 봄만 되면 흩날리는 꽃향기 속에서 그들은 절절한 슬픔을 겪는다.

약 한 주일간 계속되는 고난의 기간은 구세주인 예수의 참혹한 아픔을 함께하는 시간이다. 종교인들에게 이 시간들은 아주 소중하다. 그들은 소극적이거나 적극적으로 이 고난에 동참한다. 남미의 열정적인 예수의 제자들은 실제로 십자가를 지고 자기 몸에 채찍을 가하면서 골고다로의 행진을 하기도 한다. 실제로 많은 그리스도교인들이 이 기간에 금식을 하거나 금욕을 하면서 예수를 기념한다.

이 사건의 중심에 십자가가 있다. 십자가는 하늘과 땅 사이에 달려 있다. 예로부터 인간은 하늘로 오르고 싶어 했다. 하지만 그게 현실적으로 안 되니까 어떻게든 하늘 가까이에 있고 싶어 했다. 최대한 하늘에 가까이. 그래서 산을 신성시했다. 산에 오르면 하늘을 향해 우람히 솟은 나무가 있다. 산 위의 나무는 하늘과 더 가깝다. 그래서 이 나무들을 신목神木으로 숭배하였다. 인류의 오랜 이 습관은 지금도 마을 어귀에 돌무더기를 산처럼 쌓아놓고 성스런 나뭇가지에 온갖 소원을 달아놓은 흔적으로 남아 있다.

예수의 속죄사건도 갈보리 산에 세워진 나무 위에서 완성되었다. 왜 하필 십자가인가? 그리스도교는 각자 입장에 따라 십자가 위에 예수를 그대로 두기도 하고 내려놓기도 했지만, 중요한 것은 십자가는 하늘과 땅을 잇는 나무이다. 이 열십자의 나무는 끝도 없는 상징으로 이어졌고, 특히 드라큘라나 귀신을 쫓는 신이한 능력의 도구가 되기도 했다. 십자가만큼 하늘과 땅 사이의 존재의 고독을 보여주는 것은 없다. 그리스도교의 유일신의 거대한 인류구원 프로젝트의 핵심이 십자가이다.

신의 아들 예수가 이 십자가에 달려 죽어야 인간과 신 사이를 화해시킬 수 있는데, 그 나무는 바로 분열의 원인을 제공한 나무, 즉 '지식의 나무'여야 한다.[115] 타락한 인간은 바로 이 나무, 즉 '십자가의 나무'를 통해 다시금 신과 화해하고 화합하는 순간을 겪게 된다. 예수가 "다 이루었다!"는 말을 남기고 장엄하게 숨을 거둔 그 시간에 이 '지식의 나무'는 곧바로 '생명나무'로 변화하지 않았을까? 마치 영웅의 변형transformation 처럼 말이다. 그래서 예수의 죽음 이후 이 나무는 더 이상 타락의 나무가 아닌 생명의 나무로 변화한 것이다. 그리고 '하늘과 땅 사이'에서의 예수의 사명도 완수되었다. 예수의 '나무 위의 죽음'은 그리스도교의 핵심적 사건이다. 그래서 부활절이 종교적으로는 크리스마스보다 더 의미 있고 성대한 날일 것이다.

십자가에 달린 예수처럼 인간도 하늘과 땅 사이에 산다. 인간이 직립을 하고 하늘을 바라 볼 수 있게 되면서 인간은 저 무궁한 하늘 그 위에 펼쳐진 해와 달과 별을 동경해왔다. 두렵기도 하고 가보고 싶기도 한 하늘은 인류 문명에서 엄청난 이야깃거리가 되었다. 고대인에게나 현대인에게나 하늘은 영원한 호기심과 갈증의 대상이다. 20세기에 들어선 인류가 드디어 하늘에 '오르고' 우주의 신비에 끝없는 감탄을 보내고 있지만, 고대인들에게 하늘은 숭배의 대상일 수밖에 없었다. 그 하늘 끝에 백발이 성성한, 무섭고도 인자한 턱수염의 신이 거주하면서 정말로 우리의 일거수일투족을 CCTV처럼 감시하시는가는 그만두고라도, 하늘은 그 존재 자체만으로 범접할 수 없는 신비와 절대이다.

지금도 사람들이 죽음을 무릅쓰고 더 높은 산으로, 히말라야까지 오르는 것은 하늘과 가까워지는 경험을 하고 싶어서일 것이다. 산 정상에서 부르는 '야호!'는 '신이여! 저 여기 왔어요!'라는 말이 아닐까? 우주영화가 그렇게도 인기인 것은 미지의 세계로의 모험이라는 것도 있지만 저 멀리 하늘 꼭대기에, 신만이 있을 수 있는 곳에 가까이 간다는 점도 있을 것이다.

인간이 다른 동물과 다른 확실한 점은 바로 '하늘바라기'를 한다는 것이다. 생물체 중에 인간도 식물처럼 하늘로 향하는 머리를 가지고 있다. 다른 동물들의 머리와 시선은 주로 땅을 향하고 있지만 말이다. 그리스 인들은 올림포스 산에 신전을 지어 놓고는 하늘 위 한 무더기의 신의 가족을 모두 모셨다. 인간처럼 사랑하고 의심하고 질투하고 싸우는 이 매력적인 신들의 이야기는 지금도 우리의 영원한 가십거리이다. 중국인들도 조상신과 영웅신 위에 하늘신이 있다고 오랫동안 믿었으며, 지금도 이 하늘신에게 정기적으로 제사를 올린다. 우리 한국인은 하느님의 자손인 천손이다. 단군신화는 하느님인 환인의 아들 환웅이 웅녀와 결합하여 낳은 후손인 단군에 관한 이야기이다. 단군은 환인 하느님의 손자인 셈이다. 지구 곳곳에 하늘신 이야기는 풍부하다.

신화의 세상에서 종교와 국가의 시대로 내려오면서 이 하늘은 인간에게 규범을 주고 약속을 주고 제도를 주고 왕을 주었다. 인간이 조금 더 똑똑해지면서는 이 하늘이 인간 이성의 원천이 되었다. 하늘에서 비롯된 인간 이성은 과학을 낳고 산업을 낳고 기술을 낳았다. 그리고 지금은 생명을 낳으려고 하고 있다! 전혀 새로운 존재가 지구상에 만들어질 가능성이 다분하다. 그것이 단순한 트랜스휴먼trans-human일지 감성을 지닌 로봇일지 다른 어떤 존재일지는 아무도 감히 예측할 수 없다. 이제 인간은 과학의 힘을 빌려 하늘을 넘어서 신의 옥좌를 넘보고 있다.

햇빛 찾아 삼 만리

인간처럼 식물도 하늘과 땅 사이에서 직립을 한다. 직립한다는 것은 하늘과 태양을 우러른다는 것을 말한다. 태양과 하늘은 모든 생명의 원천이 된다. 식물은 하늘바라기를 하여 태양으로부터 창조 작업을 한다. 식물의 생존에 태양빛은 절대적이기 때문에 그들은 항상 머리를 하늘로 둔다. 식물들은 무기물을 유기물로 합성할 수 있는 지구상의 유일한 존재이다. 엽록소와 태양광선을 가지고 지구상 모든 생물의 먹거리를 만들어낸다. 그러다 보니 태양을 향하지 않을 수 없다.

화분에 식물을 기르면 재미있는 것을 발견하는데, 그것은 이들이 필사적으로 태양이 드는 쪽으로 고개를 돌린다는 것이다. 물론 이것은 식물의 성장호르몬인 옥신auxin이 항상 햇빛 반대편에 자리 잡기 때문이다. 햇빛이 드는 반대쪽이 빨리 성장하므로 식물들은 해바라기처럼 햇빛 쪽으로 구부러져 있기 일쑤이다. 곧바로 자라게 하려면 화분을 수시로 반대쪽으로 돌려주어야 한다. 나무부터 잡초까지 식물은 쉬지 않고 태양을 향한다.

이파리들은 햇빛을 갈망한다. 식물들이 햇빛에 반응하는 것은 광수용체인 피토크롬phytochrome 색소 덕분이다.[116] 이 색소는 미묘한 색깔의 차이를 감지하여 햇빛이 그대로 들어왔는지 아니면 이미 다른 이파리들을 거쳐서 온 것인지 알아낸다. 그래서 다른 이파리 그늘에 가려지지 않으려고 부지런히 자라난다.

하늘과 태양이 생명의 원동력이라는 것을 생각하면 『주역』을 떠올리게 된다. 주역의 건괘乾卦는 하늘에 대하여 말하는데 그것은 태양이기도 하다. 건괘가 중심이 되는 가장 중요한 괘로 인정받는 것은, 태양과 같아 만물을 살리기 때문이다. 낳고 살리는 것이 건의 덕이다. 그래서 건은 생명의 원천이다. 옛사람들은 건乾은 하늘이고 곤坤은 땅을 상징한다고 했지만, 과학이 발달한 오늘날 건은 우주이고 곤은 지구를 뜻할 것이다. 우주인 건은 지구인 곤에 생명을 준다.

식물이 하늘을 향해 서 있는 것은 항상 절대적인 존재를 향하겠다는 것이다. 생명의 원천이고 모든 바름의 근원으로 숭배되어 온 하늘을 놓치지 않겠다는 것이다. 생명의 근원을 향해 꼿꼿이 서서 그 어느 것에도 흔들리지 않는 식물들은 인간에게 많은 것을 말해 준다.

하늘을 향해 수직으로 선 나무들을 보면 나무를 인간의 몸에 비유한 것이 이해가 된다. 가지 꼭대기는 머리와 같고 옆으로 뻗은 가지는 양팔과 같고 든든한 둥치는 다리와도 같다. 그래서 아이들을 교육하는 것을 나무 기르기에 비교하기도 한다. 인생도 나무에 곧잘 비유된다. 싹을 틔우고 떡잎을 내고 가지를 키우고 꽃을 피우고 열매를 맺는 모든 과정처럼 말이다.

절대성과 절대적 존재는 역사를 통해 변화해 왔다. 전설과 미지의 신들의 세계에서 최고신과 유일신의 세계로, 인간의 이성에서 과학적 진리로. 앞으로 이 절대성을 그 누구 또는 그 무엇이 담당할지 우리는 예측하기 힘들다. 하지만 이러한 절대성에의 희구는 인간에게 마르지 않는 생명과 에너지의 근원이 되어 줄 것은 자명하다.

식물은 어떤 역경에서도 하늘로 향한다.[117] 하늘을 보기 어려운 환경에서도 줄기차게 생명을 찾아 자기 삶을 꾸린다. 하늘을 우러른다는 것은 식물에게 크나큰 기쁨이다. 줄기는 햇빛을 마음껏 쬐기 위하여 하늘을 향해 쭉쭉 뻗어 올라간다. 대나무의 줄기는 일주일에 약 2미터 이상 하늘을 향해 자라나기도 한다. 줄기는 대지 위에 우뚝 서기 위하여 모든 수단을 다한다.

햇빛으로 향하는 그들의 노력은 치열하다. 지나치게 긴 줄기거나 자기 힘으로 기어오르기엔 힘이 모자라는 줄기는 햇빛을 찾아 오르기 위해 나선형의 줄기, 수염 등을 활용한다. 이처럼 나무와 식물들은 자신의 지향점을 잘 안다. 자신이 어디를 향向하고 어디에 멈춰야止 하는 지를 안다는 점에서 현명하다.

땅속으로 쭉쭉

한편으로 식물은 땅과도 친하다. 뿌리를 땅으로 깊이 내려야 자기 생명을 완수할 수 있기 때문이다. 대지는 모든 생명체의 원천이 되어 준다. 하늘이 생명의 원천이고 근원이라면 땅은 생명의 모태가 된다. 뿌리가 빨아올리는 수분과 영양분은 줄기와 이파리에 활력을 준다. 식물은 이파리, 꽃, 열매 같은 땅위 기관들 못지않게 땅속의 보이지 않는 뿌리를 키우는 데 전념한다.[118] 식물은 뿌리를 땅에 단단히 박고 생명활동을 한다.

식물의 줄기는 하늘로 향하고 햇빛을 받아야 한다. 이것을 양성 굴광성이라고 한다. 하지만 뿌리는 햇빛을 받으면 안 된다. 그래서 해를 볼 수 없는 땅속 깊은 곳으로 내려간다. 이것을 음성 굴광성 또는 양성 굴지성이라고 한다. 뿌리는 땅속에서 수분과 양분을 섭취해야 하기 때문에 땅속으로 향하는 것이 절대적이다. 나무뿌리는 가지와 몸통의 길이만큼 땅속으로 내려가 있다. 그렇게 나무는 하늘과 땅 사이에 균형을 잡고 머문다. 다른 식물들도 마찬가지다.

식물은 하늘로 향하는 줄기의 속성과 땅으로 향하는 뿌리의 습성을 동시에 가지고 있다. 만약 둘 중 하나에만 치중한다면 식물은 살아남지 못할 것이다. 식물은 묵직하고 든든하게 뿌리를 땅에 박아두고 있으며 줄기들은 태양을 향하여 위로 뻗쳐간다. 태양은 이들에게 절대자와 같다. 태양이 제공하는 에너지를 받아 생명을 유지하기 때문이다. 하지만 이 절대자인 태양과 하늘은 식물들의 의지가 도달할 수 없는 존재이다. 그들의 필요에 따라 좌지우지할 수 없는 영역인 것이다.

땅의 경우는 좀 다르다. 그들이 뿌리박은 땅은 그들을 만족시킬 수도 있고 실망을 줄 수도 있다. 어떤 땅은 영양가도 수분도 없어서 그들을 힘들고 지치게 할 수 있다. 하지만 다행히도 땅의 경우는 여지가 있다. 수분이 부족하면 잔뿌리를 내려서 더 깊이 내려갈 수 있고, 양분이 부족하면 토양 속의 박테리아와 협조할 수도 있다. 그래서 땅은, 토양은, 식물들의 노력과 의지 여하에 따라 어떻게 해볼 수 있는 여건이다.

인간과 땅의 관계는 어떨까? 인간은 현실에, 땅에 속한 것들에 취해 산다. 비교적 생활이 단순했던 시기에도 인간은 땅에서 쾌락을 취하려고 애썼다. 톨스토이의 단편 「작은 악마와 농부」에는 악마가 사람을 시험하여 타락시키는 이야기가 나온다.[119] 수많은 시련으로도 농부를 타락시키는 데 실패한 악마는, 풍년이 들게 하여 남은 쌀로 술을 담그게 한다. 술에 취한 농부가 동물적 본성을 드러내게 되면서 악마의 전략은 성공한다. 생명의 유지를 위해 귀하게 쓰여야 할 곡물이 쾌락의 동물성을 위해 사용되는 것은 식물의 신성함에 대한 모독이라고 톨스토이는 생각했던 것 같다.

중국인들은 하늘과 땅 사이에 인간이 있다고 했다. 그래서 천지인天地人 삼재三才를 이야기했다. 하늘이 인간이 바라는 이상이라면 땅은 인간이 처한 현실이라 하겠다. 인간도 식물처럼 이 사이에서 균형을 잡아야 한다. 우리 삶의 터전을 단단한 땅에 박고 우리 꿈은 하늘에 올려두어야 한다. 우리 꿈이 높을수록 우리 현실은 더 깊어야 한다. 몸통의 길이만큼 땅에 뿌리박은 나무처럼 말이다. 그래야 식물처럼 나무처럼 안정된 삶을 영위할 수 있을 터이다.

하늘이 절대적 존재라면 땅은 상대적이다. 이 하늘과 땅 사이에서 식물은 균형을 잡고 산다. 하늘이 그들의 이상이라면 땅은 그들의 현실이다. 그들은 이 가운데에서 중심을 두고 살아간다. 이러한 '균형잡기'가 우리 인간에게 시사하는 것은 무엇일까? 인간이나 다른 동물은 식물과는 달리 하늘에 속하든지 땅에 속해 있다. 새는 창공을 날고 다른 동물들은 땅에 산다. 인간도 땅에 터를 닦고 산다. 땅은 우리에게 많은 소출을 주지만 땅에만 얼굴을 박고 산다면 인류의 문명은 발전하지 못했을 것이다. 인간에게 하늘은 절대적인 이상이고 땅은 현실적 환경이기 때문이다.

균형잡기

식물의 성공은 광합성에 달려 있다. 광합성을 하려면 잎이 발달해야 하는데, 잎이 넓어지면 수분이 많이 증발하는 문제점이 있다.* 그

---

* 잎이 너무 많아지면 그늘이 늘어나므로 경우에 따라서 스스로 가지치기를 하기도 한다.

래서 이를 보완하려고 뿌리가 발달하게 되었다. 식물이 물속에서 육지로 올라오는 진화의 과정에서, 육지식물은 물이 부족한 환경을 감지했을 것이다. 그래서 물이 증발하는 데서 오는 손실을 최소화하는 데 집중했다. 식물은 자기가 사는 곳에서 어떻게 해야 광합성을 잘 하면서도 물을 확보할 것인가를 늘 고민해 왔고 그에 대한 처방을 내놓았다.

하늘로 쭉쭉 뻗는 것은 식물에게 중요하다. 광합성은 키가 클수록 유리할 것이다. 그래서 식물은 가지보다는 줄기를 키우는 데 힘을 쏟는다. 줄기만큼 뿌리도 키워야 한다. 그래야 이파리에서 빼앗기는 수분을 뿌리가 보충해 줄 테니 말이다. 땅속 뿌리의 발달은 땅 위에 있는 줄기와 가지와 잎의 필요에 의한 것이다.[120]

인간에게는 현실도 중요하지만 꿈도 필요하다. 사람들은 멀리 눈을 들어 하늘바라기를 하면서 자신의 꿈을 키워왔다. 하늘의 별과 달과 태양은 인간의 꿈과 소망의 원천이 되어왔다. 별자리에 얽힌 신화도 그렇고 그 옛날 달밤에 정화수* 떠놓고 소원을 비는 것도 그렇다. 신도 하늘에 자리한다. 중국에서는 지금도 천신에게 제사를 지낸다. 이처럼 인간에게도 이상과 꿈이 더 중요한 것이 아닐까? 이를 이루기 위해 현실인 땅에 뿌리를 단단히 내려야 하는 것 아닐까?

태고 이래 인류는 이상과 꿈을 향해 달려왔다. 그것은 무엇이었을까? 아마도 삶의 행복의 추구였을 것이다. 이 행복은 처음에는 자연

....

* 이른 새벽에 길은 우물물

과의 밀접한 관련 속에 있었다. 원시인들은 인간을 도와주기도 하고 해치기도 하는 자연의 위력 속에서 살면서, 자연물 속에 신령한 힘 mana이 있다고 믿어 자연물을 숭배했다.[121]

지혜가 늘어가면서 인간은 자연물 속에서 신적인 힘을 추출해낸다. 이 신적인 위력들은 인간의 환경과 삶에 일관성을 부여해 주었다. 인간이 살아가는 이유, 자연과의 관계, 인간과 인간간의 관계 등에서 말이다. 신화에서 제의祭儀, 종교로 이어지는 이 여정 속에서 인간은 나름대로의 이유와 논리를 찾아낸다.

이어서 과학이 발달한다. 수학, 물리학, 화학, 천문학, 지리학 등 다양한 분야의 과학의 발전은 인간의 행복을 다방면에서 도왔다. 종교적 신념에서 과학적 사고로 옮겨오는 데는 부작용과 반작용도 많았지만, 오늘날 인류는 과학의 그늘 아래서 절대적 염원인 '행복'을 지속적으로 추구하고 있는 형편이다. 그렇다면 과학이 한 일은 무엇인가? 그것은 식물적으로 말하면 땅에 뿌리박은 것이다. 땅에 뿌리박고 많은 양분과 수분을 취하려고 노력한 것이다.

땅은 무엇일까? 하늘이 우리에게 생명의 근원인 에너지를 준다면, 땅은 생명이 자라날 수 있는 자양분을 준다. 만약 인간이 하늘에만 매달려 있다면 인간은 삶을 지속할 수 없을 것이다. 아버지 하늘에 비하여 어머니로 여겨지는 땅은 인간을 비롯한 많은 생명들의 젖줄이다. 고대부터 대지는 어머니로 여겨졌다. 생명을 살리기도 하고 죽이기도 하는 위압적인 태모신the Great Mother으로 숭배되어왔다.[122]

고대인들은 신성한 제물을 준비하여 어머니인 대지에 피를 뿌려 바쳤다. 파종기와 추수기에 주로 행하는 이 축제의식은, 대지에 피를 바침으로써 대지가 여성처럼 많은 것을 낳아주기를 바랜 의미였다. 아마 그들은 여성이 한 달에 한 번 피를 흘리고는 많은 아이를 생산하듯이 땅도 피가 필요하다는 생각을 한 것 같다. 특히 농경 정착생활을 하게 되면서 생명을 낳고 기르는 이 땅의 존재감은 대단한 것이었다. 하지만 이후 청동이 발명되어 정복전쟁이 활발해지면서 땅의 권위는 하늘로 옮겨져서 거의 모든 지역에서 남성 하늘신이 여성 태모신을 살해하게 된다.[123] 이는 부계사회가 정착됨을 의미했다.

하늘이 이상과 규범과 질서와 사상의 영역이라면 땅은 물질적 영역을 담당하여 기술과 과학과 자본과 경제를 발달시켰다. 하늘이 정신이라면 땅은 몸에 비견될 수 있는데, 만질 수 있고 냄새맡을 수 있고 분석할 수 있는 이 땅의 영역은 인류 문명의 발전에 크게 기여하였다. 인간이 만약 내내 하늘바라기만 하고 있었다면 이러한 과학과 기술문명의 발전에 따르는 풍요와 안락과 건강을 누리지 못하고 있을 것이다. 인류사의 뛰어난 인물들은 모두 히말라야에 가서 현자로서 구도의 길을 걷고 있을테니 말이다.

과학은 객관적인 사실에 근거하여 합리적인 방식으로 인간의 삶을 향상시켜 왔다. 그 결과 식물이 땅으로부터 수분과 양분을 취했듯이 인간 또한 과학으로부터 생활의 안정을 얻을 수 있었다. 과학의 놀라운 발달은 편리함의 수준을 뛰어넘었다. 특별히 생명과학의 발달은 인간에게 노쇠하지 않는 삶, 나아가 죽지 않는 삶으로의 가능성을 열어주었다. 인간 게놈genome지도의 완성[124]과 줄기세포 연구의 발전으로 인간 생명의 신비는 거의 다 밝혀졌고, 이제는 낡은 부품을 갈아끼우듯 신체 장기들을 바꿀 수 있는 날이 멀지 않았다.

이제까지 인간의 여정은 '하늘바라기'로부터 '땅에 단단히 뿌리박기'였다. 신화에서 종교로, 종교에서 과학에로의 길을 걸어온 인간의 삶은 이제는 땅과 뿌리 쪽에 더 비중이 커졌다. 심지어는 종교의 영역까지도 과학적 방식으로 설명되는 지경이다. 중세에서 근대로 넘어올 무렵, 근대를 연 세 명의 학자인 다윈, 프로이트, 데카르트는 하늘과 땅 사이에서 수많은 고민을 해야만 했다. 자연선택을 발견해 낸 다윈은 유물론자로 몰려 교회로부터 비난받을 것이 두려워 진화론 원고를 10년이나 묵혀 두었다. 인간의 신경증이 억눌린 성적 욕구에서 비롯된다고 생각한 프로이트도 유물론자라는 굴레에서 벗어날 수 없었다. 근대적 이성과 사유의 세계를 연 데카르트 또한 '신'에 대한 사유에서 완전히 벗어난 것은 아니었다.

중세에서 근대로의 행보는 간단하고 편한 길이 아니었다. 하늘에서 땅 쪽으로의 이동은 단순하게 진행되지 않았기 때문이다. 하지만 이렇게 문을 연 과학의 시대는 놀라운 가속력으로 달려나갔다. 그러다 보니 인간의 하늘바라기의 성격 또한 사뭇 달라졌다. 경외의 대상에서 호기심의 대상으로, 숭배의 대상에서 친근한 이웃으로 그 경향이 바뀌어가는 중이다.

인간의 삶에 대한 이해도 과학적 관점으로 옮겨가고 있다. 체외수정, 인공부화, 인간복제 기술의 발달은 출산의 고통에서 인간을 해방시킬 것이며, 로봇과 대체 식량 등의 개발은 멀지 않은 미래에 땀 흘려 생산하는 고통, 즉 생계를 위한 노동에서도 자유로워지게 할 것이다. 종교가 꿈꾸는 복낙원은 이제 과학기술이 일구어낸, 현실과 가상이 결합해 만들어진 새로운 세계로 대체될 지도 모른다.

내가 할 일을 다른 곳에서 아바타가 대신해 줄 수도 있을 것이다.[125] 3D 텔레프레즌스 아바타는 실물 크기의 자기 자신을 다른 곳에 둘 수 있다. 디지털 분신인 셈이다. 아바타는 나 대신 회의에 참석하고 잡담도 하며 스포츠 경기에 나가서 승리할 수도 있다. 로봇 산업 또한 획기적으로 발전하고 있다. 의료용, 군사용 인명구조용 로봇 등 수많은 종류의 로봇이 개발되고 있다.[126] 인간의 구조와 기능을 닮은 로봇을 개발하여 고장난 장기들을 대체하거나 복구하거나 보강할 수 있게 된다. 피부대체물질의 개발로 인조근육로봇, 손로봇, 입술로봇, 표정이 가능한 로봇이 만들어진다. 뿐만 아니라 생물체들의 지능과 고유한 특성을 활용하여 생물체 로봇이나 무기를 만드는 일은 아주 흥미롭다. 실종자 수색에 투입하는 파리로봇, 잠자리형 도청로봇 등이다.

모기보다 작은 크기의 비행로봇인 스웜봇swambots은 아주 작은 크기의 로봇들로 앞으로 우리의 생활에 다양한 편의를 줄 것이다. 이들은 아주 작아서 혼자서는 아무 일도 할 수 없지만, 함께 모이면 별별 일을 다 해낼 수 있다. 면도나 메이크업, 머리 손질을 해주고는 자신들의 일이 끝나면 스스로 조립되어 빈 공간에 고정된다. 이들이 서로 연결되어 각종 사물들이 재현되는 데 자동차나 오토바이가 되기도 한다. 외출시 옷, 가방, 물건을 즉석에서 조립하는 것이 가능하며 필요할 때는 드론이 될 수도 있다. 장애인들에게는 외골격 갑옷을 만들어 걷게 해 줄 수도 있다.

2004년 인간 유전체 프로젝트가 완성된 이후 10년 동안 합성생물학은 빠르게 성장하여 석유박테리아, 효모 합성유전체 등이 만들어졌다.[127] 2014년 말에 영국의학연구회 분자생물학연구소 과학자들이 만든 최초의 인공 효소는 인간이 무에서 유를, 생명체를 만든 것으로 주목받았다. 의료분야에서 합성생물학 기술로 생산한 DNA백신은 낮은 비용에 좋은 품질로 다양하게 활용되고 있다.

여분의 수분과 양분

그런데 문제는 이런 땅에로의 지향과 그 발달이 인간에게 행복만을 주었을까 하는 것과 인간은 앞으로 행복할까 하는 것이다. 근대 이전의 인류는 땅으로부터의 자양분을 충분히 섭취하지 못했기 때문에, 육체적 삶은 취약했고 수많은 돌림병에 시달려 떼죽음을 당하기도 했으며 위생도 엉망이고 수명 또한 짧았다. 하지만 과학과 기술, 의학이 발달하면서 삶의 질이 썩 나아지기 시작했다. 추위와 더위를 피할 수 있게 되었고 웬만한 질병은 예방할 수 있게 되었다. 인간은 과학으로부터 유익함을, 여분의 양분과 수분을 얻어 가질 수 있게 되었다.

땅으로부터 양분과 수분을 섭취하는 식물들은 매우 지혜롭게도 여분의 물질들을 처리할 줄 안다. 남는 수분은 잎을 통해 방출하고 양분 또한 후손을 기르는 일이나 적의 공격을 방어하는 일에 적절히 배분한다. 그래서 자신의 항상성을 유지한다.

인간의 경우는 어떤가? '여분의' 수분과 양분을 적절히 조절하여 처리할 수 있는가? 과학과 기술의 엄청난 발달과 그의 열매가 인류라는 종에게 행복과 평안만을 제공해 주었는지는 생각해 볼 일이다. 현재 우리세계에 널려 있는 위험들은 이에 대해 '아니오'라고 답한다. 인간을 편리하게 해주는 과학기술은 편리함의 정도와 비례하게 인간에게 위험도 준다. 고대 인류의 교통사고(?)라면 돌부리에 걸려 넘어지는 정도였다면, 지금의 교통사고는 한 번에 수많은 생명을 앗아간다. 편리함의 정도가 클수록 위험성의 정도도 크다. 비행기 사고에서 생존할 가능성은 거의 없다.

좀 더 확장해서 생각해보면 생명과학의 편리성과 유용성 또한 이것들이 활성화될 경우 재앙으로 돌변할 수 있다는 것이다. 체외수정과 인공수정의 발달은 대리모출산을 가능하게 하는데, 제3세계에서 여성들을 싼 값으로 고용하여 대리모공장을 차려 여성인권이 유린되고 있다. 인간장기 이식이 가능해지자 벌써부터 납치 살해에 의한 불법 장기밀거래 등이 이루어지고 있는 실정이다. 합성생물학 또한 그 가능성만큼 잠재적 위험성도 크다. 이미 박멸된 바이러스도 서열만 알면 복원할 수 있고 더 강력하게 변형하는 것까지 가능하기 때문이다. 힘이 강해진 바이러스가 생화학 무기로 사용될 경우에는 인류에게 치명적인 피해를 줄 수 있다.

과학과 기술은 양면의 칼날이다. 한쪽 면으로는 질병과 노쇠, 분리와 고독이라는 아픔들을 베어낼 수 있지만, 다른 쪽 면으로는 양심과 존엄성, 정체성이라는 부분들을 난도질할 수도 있다. 우리에게 앞으로 닥쳐올 위험들은 그 누구도 피할 수 없는 '전 지구적' 재앙이다. 그 중심에 환경생태 재앙과 핵 위험이 있다. 이 위험들은 계급이 높던, 돈이 많던, 권력이 크던 간에 그 누구도 비껴갈 수 없다. 과학기술, 정보화, 생명공학의 발전으로 편리함이 양산되었지만, 이 편리함 속에서 인류가 이상과 꿈을 잃어버렸을 때 초래될 위험이기 때문이다.

어찌보면 이 '위험'은 '평등성'을 지니고 있다. 이상적인 민주사회를 향해 지속적으로 전진해왔지만 인류가 아직도 도달하지 못한 그 '평등성' 말이다. '행복의 평등'은 가지지 못하나 '위험과 불행의 평등'은 가질 수 있다니 씁쓸한 일이다. 결국 이 '위험'은 땅으로 땅으로 깊이 들어가서 '양분의 과잉' 상태가 된 인류의 현재와 미래의 모습일 수 있다.

지구촌의 인류가 직면한 또는 직면하게 될 문제들을 함께 고민하고 해결을 모색하는 단체가 있다. 바로 X프라이즈Xprize 재단이다.[128] X프라이즈는 우리가 사는 세상을 더 좋은 곳으로 변화시키는 방법을 고안하는 이들에게 상금을 주는 단체로서 구글, 테슬라, 퀄컴 등 글로벌 기업들과 유명인들의 지원을 받고 있다. 이 재단은 주택, 일자리, 보건, 교육, 식품, 환경, 에너지 문제 등 지구촌 주민들이 함께 풀어가야 할 문제들을 다루어 왔다.

재단이 관심을 가지고 다루는 이 문제들은 '여분의 수분과 양분의 문제들이다. 각각의 주제들을 들여다보면 재미있는 공통점을 발견하게 되는데, 그것은 바로 국가 간·지역 간 불균형이 가져온 부익부 빈익빈의 현상이다. 과학과 기술로부터 거두어들인 혜택을 적절하게 분배하여 활용하지 못하는 인간의 우둔함의 결과이다. 지구촌의 어떤 곳은 모든 자원과 서비스들이 여분으로 넘쳐나고 또 다른 곳은 부족하다.

먹을 것이 남아돌아서 골치인 곳이 있고 먹지 못해 죽어가는 사람들이 있다. 기술이 발달된 국가들은 지구 환경을 더럽히고 그 오염의 피해는 저개발국에게 돌아가기도 한다. 식물과 달리 여분의 수분과 양분을 어느 선에서 식물처럼 방출할 줄 모르는 탓이다. 하지만 국가와 지역 간의 격차를 어느 누군가가 나서서 일괄적으로 정리하기는 힘든 것이 현실이다.

식물은 위로는 절대적 존재인 하늘을 향하고 있으며 아래로는 항상적 존재인 땅을 향하고 있다. 그들이 생태계에 의미를 불어넣어 주는 것은 언제나 태양을 바라보는 그들의 천성이다. 태양을 통해서만 생명을 유지할 수 있기에 그들은 우주의 절대적 존재인 태양을 우러른다. 그 올곧음은 지구상의 생명체 모두에게 에너지와 위안과 휴식까지 제공한다. 또한 식물은 땅에 터잡고 생존에 필요한 모든 양분을 섭취한다. 그들은 땅과 함께하기에 결코 공허할 수 없다. 그들의 굳고 단단한 뿌리는 현실을 직시하고 인내한다.

하늘과 땅 사이의 삶은 결코 쉽지 않다. 그 사이에서 인간은 지치고 힘들다. 인간은 중세시대에 하늘로 솟구쳐 보기도 하고 근대 이후에는 땅에 집착하기도 하였다. 종교와 이상에 심취하기도 하고 과학과 기술에 빠져 보기도 하였다. 그리스 신화의 이카루스^{Icarus}는 뛰어난 장인인 아버지 다이달로스^{Daedalus}가 만들어준 날개를 붙이고 아버지와 함께 미궁이 있는 크레타섬을 탈출한다.[129]

그는 너무 높이 날지도 말고 너무 낮게 날지도 말라는 아버지의 당부를 잊은 채, 위로 위로 오르다가 태양열에 밀랍이 녹아 날개가 떨어져 추락하여 죽고 만다. 그가 너무 낮게 날았어도 결과는 같았을 것이다. 다이달로스는 아들의 죽음에 가슴을 치며 시신을 수습하여 섬에 묻는다. 이카루스가 떨어진 바다는 이카리오스해라 불리우고 그가 묻힌 섬은 이카리아섬이 되었다. 아버지 다이달로스는 하늘과 바다 사이에서 균형을 잘 잡고 비행하여 시실리에 이른다.

현대 과학기술 혁명시대를 사는 우리 또한 어떻게 하면 적당한 비행높이를 잘 잡고 그 사이를 날 수 있을까를 고민한다. 이것이 지금의 인류가 풀어야 할 과제가 아닐까? 하늘과 땅 사이에서 적절한 균형을 유지하는 식물의 지혜가 부러운 것은 이 때문이다.

죽고 사는
일쯤이야

삶과 죽음은 하나이다

살아가는 것은 죽어가는 것이다

내가 사는 것은 누군가를 죽이는 것이다

나의 죽음은 누군가를 살리는 것이다

죽음은 곧 생명이다.

죽고 사는 것은 하나이다

삶의 욕구와 죽음의 욕구,

두 가지에서 모두 벗어나야 한다

생명의 굴레

뭉쳤다 흩어지고 흩어졌다 다시 뭉친다

불로장생의 영원한 꿈

진시황제의 능에서 발굴된 실제 사람 크기의 토병들은 엄격한 무사의 얼굴로 자신들의 군주를 호위하고 있다. 중국 대륙을 통일한 진시황제의 간절한 소원은 늙지도 않고 죽지도 않는 것이었다. 드넓은 대륙을 손에 쥐고 어마어마한 백성과 권력과 재물, 하늘 아래 모든 것이 자기 것인데 죽고 싶겠는가? 그의 심정은 충분히 이해가 된다. 이 순진한 황제에게 도교의 술사들이 사기를 쳤다. 불로초는 반드시 있으니 자신들이 꼭 구해다 바치겠다는 것이다. 황제는 거금을 주고 그들의 제안을 받아들인다. 이는 황제의 욕심과 술사의 간사함이 맞아떨어진 결과이다.

하지만 함흥차사! 지식인을 자처하는 술사들의 거짓말에 넘어갔다는 걸 알게 된 황제는 분노에 치를 떨면서 공부 좀 했다는 사람들은 모두 잡아들인다. 게다가 제국의 사상적 통일을 위한다는 명분으로 기술서 등 실용서를 빼고는 책들을 몽땅 압수한다. 책은 활활 불태우고 지식인들은 산채로 구덩이에 처넣고. 분서갱유는 이렇게 시작되어 두고두고 진시황제의 치부로 남는다.[130] 책을 싸들고 산으로 피난을 간 사람도 있지만 이때 웬만한 책들은 다 재가 되어 공기 중으로 날아갔으니 인류 문화적으로 보아도 손실이 크다. 그나마 다행인 건 중요한 책들은 살아남은 사람들의 머릿속에 저장되어 구전으로 뒷 세대에 이어졌다는 것이다.

단지 속았다는 것보다 진짜 황제를 화나게 한 것은 세상에 불로초가 없다는 실망감이었을 것이다. 이렇게나 신나는 세상을 오래 누릴 수 없을 거라는 절망감이 그를 인류사에 지울 수 없는 문화파괴자요 폭군으로 만들었다. 이후로도 역대 중국 황제들의 불로장생의 욕망은 끊이지 않아 그들은 여전히 도교의 선사들을 가까이 두고는 장생약 인 외단을 만들어 먹었다. 이 단약은 수은과 황금으로 만들었는데 당 나라 때는 단약을 먹고 오히려 약 성분에 중독되어 죽은 황제가 6명 이나 되었다고 하니, 중국 황제들의 영생에 대한 집착을 알 수 있다.

고대부터 인간은 영생하고 싶어 했다. 사랑하는 가족이나 친구가 갑자기 아무 말도 안하고 눈도 안 뜨고 싸늘하게 식어가는 것이 얼마 나 큰 충격이었겠는가? 인간의 가까운 친척인 원숭이는 죽음을 인지 하지 못한다고 한다. 그들은 늙은 어미원숭이가 갑자기 전혀 움직이지 않으면 가족들이 모두 모여서 엄마를 때리고 할퀴고 위에 올라타고 법석을 한다. 우리가 보면 이상하지만 그들은 자기 엄마를 깨우고 있 는 중인 거다. 죽음을 알지 못하는 원숭이들에게는 아주 당연한 반응 이다.

하지만 인간은 죽음을 이해했다. 이것이 누구에게나 따르는 숙명임 을 알았다. 이생에서의 삶의 끝이 안타까웠던 그들은 사후에서 영원 한 삶을 추구했다. 다양한 매장풍습이 그것을 보여준다. 특히 왕들이 가는 길은 호화롭고 거창했다. 왕들의 무덤은 그의 재위기간에 공들 여 만들어졌으며, 엄청난 규모의 지하궁전은 그의 부인과 시종과 신 하들로 가득 채워졌다. 이집트의 피라미드도 왕의 무덤이다.[131] 그들 은 왕이 사후세계에서 이 세상으로 건너와 그의 지혜를 빌려주기를 원했고, 또 그렇게 믿었다. 그래서 피라미드는 왕들이 강을 건너 이 세상으로 올 수 있도록 나일강가에 지어졌다.

내 꿈을 돌려줘

고대인들은 영원한 삶을 어떻게 이해했을까? 그들은 자연물 중에 달을 죽지 않는 존재로 여겼다.[132] 달은 나고 자라고 죽지만 다시 살아나며 그 과정을 반복한다. 달은 탄생과 죽음의 신비이며 다시 태어남의 표지이다. 이 달을 가장 많이 닮은 동물이 뱀이다. 뱀은 허물을 벗어 다시 젊음을 회복하는 부러운 동물이다. 영웅신화의 원조인 '길가메시 서사시'에 보면 길가메시가 갖은 고생을 다하여 겨우 얻은 불사의 약초를 그가 잠깐 목욕하는 사이에 냉큼 훔쳐 먹은 놈이 바로 뱀이다.[133]

겨울잠을 자는 동물들도 마찬가지이다. 곰 같은 동물이다. 체온이 뚝 떨어져 움직이지도 않고 죽은 줄 알았던 곰은, 긴 겨울을 지나고 식물이 싹을 틔우는 것처럼 다시 살아난다. 하지만 재생의 금메달은 역시 식물의 것이다. 가을에 쓸쓸한 낙엽을 떨구는 식물들은 겨울엔 죽었는가 싶게 앙상하게 있다. 나무는 그래도 형체라도 가지고 있지만 풀들은 땅속 뿌리만 있다. 하지만 죽은 줄 알았는데 봄에 다시 살아난다.

식물이 죽었다가 다시 부활하는 것은 잘 보여주는 동화가 있다. 『내 꿀을 돌려줘』라는 과학 동화인데 주인공은 민들레 씨앗이다.[134] 민들레가 봄에 기지개를 켜고는 예쁜 꽃을 피워 달콤한 꿀을 만든다. 민들레는 당당하고 도도하게 생을 즐기고 있었는데 웬걸? 꿀벌이 웽~ 날아오더니 자랑스런 꿀을 몽땅 탈취해 버렸다. 꿀을 빼앗긴 꽃은 금방 시들어 버렸다. 하지만 당하고만 있을 민들레 씨앗이 아니다. 민들레 홀씨는 꿀을 되찾으러 기약 없는 여행을 떠난다.

폴폴 날아가다가 드디어 그 꿀벌을 만났다. 민들레 홀씨는 잘 되었다 싶어 꿀벌에게 꿀을 내놓으라고 따졌다. 하지만 꿀벌은 이미 뱃속에 있는 걸 어떻게 돌려주느냐는 말뿐이다. 옥신각신하고 있는데 꿀벌이 거미줄에 걸려서 그만 거미의 밥이 되어 버렸다. 민들레 홀씨는 거미에게 가서 자기 꿀을 내놓으라고 했다. 하지만 거미는 무슨 영문인지 모른다. 그저 꿀벌을 먹었을 뿐이니까. 민들레 홀씨는 자초지종을 설명했다.

그러고 있는데 이번엔 어디선가 메추라기가 날아와 거미를 먹어버렸다. 이런! 갈수록 태산이다. 애초에 집을 나설 땐 일이 이렇게 꼬일지 몰랐다. 그저 꿀벌이나 설득해서 먹은 꿀을 게워내라고 하면 될 줄 알았다. 이제는 짜증이 난 민들레 홀씨가 메추라기한테 볼멘소리로 따졌지만, 그 사이 여우가 와서는 다시 메추라기를 홀랑 먹어버리는 게 아닌가? 여우는 제법 덩치가 있지만 그렇다고 주눅들 홀씨가 아니다. 길고 긴 과정을 모두 설명하면서 여우에게 빨리 내 꿀을 내놓으라고 따지고 있었다. 그런데, 그때였다. 정말 보기만 해도 기절해 버릴 것 같은 무시무시하고 거대한 곰이 다가오더니 여우를 꿀꺽해 버렸다.

간 큰 민들레 홀씨도 이번엔 겁이 났다. 그렇다고 이제껏 고생했는데 여기서 그만 돌아설 수는 없는 노릇이다. 홀씨는 용기를 냈다. "저기, 고고고고고...고 옴아..." 곰이 어디선가 들리는 모기 같은 소리에 등을 돌린다. "넌 뭐니?" 그리곤 자기를 부른 것이 눈에 잘 보이지도 않는 민들레 씨앗인걸 알고는 빙그레하니 웃는다. 민들레 홀씨는 쾅쾅 요동하는 가슴을 부여잡고 마지막 용기를 내었다. "난 민들레 홀씨야, 곰아, 내 꾸 꾸 꾸 꾸... 꾸울을 돌려줘." "하지만 난 네 꿀을 먹은 적이 없는 걸?" 곰이 의아해서 물었다. "그게, 그러니까, 꿀벌이 내 꿀을 먹었고 다시……." 민들레 씨앗은 모든 걸 곰에게 설명했다. 이제는 힘이 다 빠져 말할 힘도 없었다.

이야기를 다 들은 곰은 싱긋 웃더니 대포 같은 방귀를 꾸었다. 그리고는 따끈따끈한 커다란 똥을 한 보따리 누었다. "얘, 나는 뭐가 뭔지 모르겠다만, 옛다, 이거나 먹어라." 그러고는 제 갈 길로 가버렸다. 이제 모든 희망이 사라졌다. 민들레 씨앗의 길고 험난한 여정은 아무짝에도 쓸모없어졌다. 소중한 꿀은 찾지 못했고 남은 건 냄새나는 곰의 똥뿐이다.

이렇게 허망할 수가! 기력을 상실한 홀씨는 그만 똥 위에 쓰러지고 말았다. 그 위에서 폭포 같은 눈물을 흘리며 엉엉 서럽게 울었다. 꿈이고 희망이고 다 사라져버리고 만 게 아닌가! 몇 시간이나 울었을까? 민들레 씨앗은 그렇게 울다가 그만 깊은 잠에 빠져 버렸다. 그리고, 그리고는, 다음 해 봄에 그 곳에서는 노오란 민들레가 피어나 자태를 뽐냈다. 역시나 그 속에는, 꿀이 있었다.

죽음과 부활

원래 이 동화는 어린이들에게 먹이사슬을 설명해주려고 지어진 것이다. 하지만 나는 이 동화에 푸욱 빠져서 온갖 강의에 단골로 등장시켰다. 많은 보석들이 이 이야기 안에 있기에. 추상화에 가까운 그림 솜씨로 먹고 먹히는 사슬을 그려가며 이 동화의 전도자가 되었다. 특히 도가의 도^道 개념을 설명할 때 좋았다. '어디에나 있지만 본질은 변하지 않는 도'를 이 동화는 아주 잘 설명해 준다.[135] 또 '우리는 모두 하나'라는 점이다. 이 사슬 안에는 인간도 끼어들어갈 수 있다. 식물과 동물과 인간과 지구상의 모든 것은 하나이지 여럿이 아니다. 조상의 무덤 앞에 피어나는 민들레를 생각해 보라. 우리는 결코 나누어져 있지 않다.

이 동화에서 우리가 쉽게 알아챌 수 있는 것은 식물의 죽음과 부활이다. 민들레 홀씨는 꿀을 되찾고 싶어서 봄날의 긴 비행을 했지만 결국 실패하고는 짧은 생을 마감했다. 거기까지 보면 참 불쌍하다. 자기와는 덩치가 비교가 안 되는 곰한테까지 가서 온 힘을 다해 자기 할 일을 했다. 용기도 있고 소신도 있다. 하지만 씨앗은 장렬하게 생을 마치고 만다. 괴물을 처치하지 못하고 죽은 영웅처럼 말이다.

그런데 이 이야기에는 숨겨둔 반전이 있다. 드라마의 마지막처럼 '1년 후~ '로 이어지는 이야기이다. 희망을 잃고 좌절한 민들레가 이듬해 봄에 꿀을 되찾는다. 싹을 틔우고 꽃을 피우고 꿀도 만들었으니 말이다. 해피엔딩이다. 곰의 똥은 좋은 거름이니 거기서 천년만년 잘 살 것 같다. 식물은 부활과 재생의 신이다.

다만 한 가지 주의해야 할 것이 있다. 봄에 민들레 홀씨를 만나게 되면 정신을 바짝 차려야 한다. 꿀을 돌려달라고 따지러 당신에게 오는 것인지도 모르니까. 그러니까 대답할 말도 준비해 두어야 한다. "나는 꿀벌이 아니고 절대로 꿀벌을 잡아먹지도 않았어." 하지만 영리한 홀씨라면 당신의 집 안으로 따라 들어올지도 모른다. 냉장고 안의 꿀이 자기 것인지 아닌지 조사하러 말이다.

동화이야기가 길어졌지만 죽음과 재생과 부활을 반복하는 식물은 참으로 부러운 존재이다. 그래서 식물은 오래전부터 '영원'을 상징해 왔다. 『우파니샤드 Upanisad』에는 우주가 하늘에 뿌리를 두고 땅 위에 가지를 드리운, 거꾸로 서 있는 나무로 묘사되었다.[136] 거꾸로 선 나무는 우주의 근원과 창조 과정, 존재 방식을 상징한다. 또 이 나무는 우주의 신 브라만 Brahman을 상징하기도 한다.

불타가 깨달음을 얻은 보리수는 원래 인도의 종교전통에서 지혜의 나무이자 우주목이었다. 단군신화의 신단수는 신의 세계와 인간의 세계를 연결하는 축으로서 세계의 중심과 생명의 원천을 동시에 상징한다. 고대 이집트에서 숭배받은 신 오시리스 Osiris는 원래는 곡식의 신이지만 또한 죽음과 부활의 신이기도 했다.[137] 봄마다 부활하는 식물, 특히 곡물의 영이 신격화된 것이 오시리스이다. 그의 부활은 생명을 새롭게 일으킴을 상징한다.

대부분의 동물에게 있어서 죽음과 삶을 구분하는 것은 어렵지 않은 일이다. 식물들에 있어서는 어떨까? 겨우내 앙상한 가지로 떨고 있는 나무나 꽁꽁 언 땅속으로 뿌리를 내린 풀들이 죽었다고 할 수 있을까? 식물은 기온이 떨어지면 낙엽을 만들어 잎을 떨구고는 겨울잠인 휴면에 들어간다. 만약 잎이 얼어 죽게 되면 줄기나 뿌리 안의 수액이 얼어 세포들이 죽게 되기 때문이다. 하지만 겨울잠을 자면 수액이 농축되어 결빙을 훨씬 더 잘 견디게 된다.

낙엽을 떨구는 나무의 줄기와 가지는 수피*에 의해 잘 보호되며 잔가지 끝에 달린 잎눈도 보호된다. 나무의 겨울휴면은 쉽게 깨지지 않는데, 겨울 중 잠시 포근해져도 나무는 속지 않는다.[138] 만약 봄이 온 줄 알고 잠에서 깬다면 돋아난 새 이파리들만 죽게 되니까 말이다. 그래서 봄이 되어 기온이 오르고 낮의 길이가 점점 길어지면 그때서야 겨울잠에서 깨어난다. 겨울에는 죽은 듯 있다가 봄에 다시 부활하다니! 참으로 부럽다. 이러한 식물의 능력을 닮은 것이 겨울잠을 자는 자라, 다람쥐, 곰이나 뱀 같은 부류이다. 식물이 휴면에 들어가니 이들도 함께 그 리듬을 탄다고나 할까?

식물은 죽음을 삶처럼 살고 삶을 죽음처럼 산다. 봄의 식물들이 생기발랄하게 뿌리로 수액을 끌어올리고 잎으로 햇빛을 감싸안아 살고, 겨울의 식물들이 땅속에서 조용히 단잠에 빠져 죽은 듯이 보여도, 식물들에겐 이 모든 것이 한 가지일 뿐이다. 식물들은 죽음과 삶을 주기적으로 반복한다.

죽음과 삶 사이의 순환을 임무로 가진 식물도 있다.[139] 버섯 중 어

----

* 나무줄기의 코르크 형성층보다 바깥 조직

떤 종은 땅벌의 시체를 분해하여 없애는 일을 맡는다. 또 어떤 종은 까마귀의 떨어진 깃털을 처리해 준다. 이렇게 하여 땅벌의 시체와 까마귀의 깃털은 다른 생명체의 양분이 된다. 죽음과 삶 사이에서 이 작은 버섯은 묵묵히 자기 일을 한다.

식물들이 이 지구에 가득한 것은 '의도하지 않은' 그들의 영원한 속성 때문일 것이다. 풀들의 경우는 생겨나서 자라고 작은 꽃을 피우고 하는 짧은 생애를 살면서 짓밟히거나 뽑히거나 해도, 뿌리나 혹은 씨앗으로 생명을 지속하는 힘을 지닌다. 식물은 스스로의 생명을 자기 안에 간직하고 있다. 가지치기는 식물을 죽이는 것이 아니고 오히려 식물이 잘 자라도록 돕는 것이다. 식물들은 가장 연약해 보이지만 오히려 긴 생애를 누린다. 환경에 순응하고 자족하는 그들의 속성이, 자연에 동화되고 나아가 지구의 순환과도 함께하게 한다.

식물은 죽음을 슬퍼하지도 않고 삶을 환희로워 하지도 않는다. 그저 묵묵히 살고 죽고 나고 자라고 한다. 식물의 무심함은 그들 생명의 원동력인 것 같다.[140] 벌과 나비가 찾아와도 떠나가도, 곤충이나 동물에게 이파리가 뜯겨도 묵묵하다. 아기인 씨앗을 떠나보낼 때도 호들갑떨지 않는다. 필요한 여비만 마련해주고는 먼 곳으로 떠나보낸다. 식물은 삶의 모든 일에 담담하다. 그 평정심은 그들을 영생하게 한다. 우리도 그렇게 살 수 없을까?

인간에게는 그렇게도 예민하고 어려운 죽고 사는 문제, 불로장생의 문제가 식물에게는 아무것도 아니다. 화분에 식물을 키워보았다면 희한한 일을 경험했을 것이다. 시든 것들을 다 뽑아내고는 '이제 내다 버려야지' 하고 한쪽 켠에 두었는데, 며칠 후 보면 그 곳에서 새싹이 돋아나고 있는 거다. 우리 집에는 그런 화분이 몇 개 있다. 설마 하고 있었는데 날이 갈수록 가녀린 싹이 자라난다. 한 열흘 있으면 옆에서 또 하나의 싹이 돋아나 살금살금 자라난다. 참 신기한 일이다. 그 작은 화분 속에서 식물은 죽음과 삶을 아무렇지도 않게 반복하고 있다. 이러한 리듬을 인간도 공유할 수 없을까?

묵묵한 장수의 화신들

식물들은 지구에서 생명의 근원이다. 장수의 화신이다. 너도밤나무나 참나무는 보통 400~500년을 사는데 150년 정도 잘 자라면 안정적인 여생을 지낸다. 몇 천년을 훌쩍 넘기는 나무들도 있고 다년생 풀들도 있다. 식물은 전 생애를 거쳐 계속 자란다. 식물은 '무한생장'한다. 식물은 긴 세월 동안 지구의 모든 변화에 오롯이 적응하며 살아왔다. 이끼들이 작다고 무시하면 안 된다. 이끼들 중에는 100년 동안에 키가 몇 밀리미터밖에 자라지 않는 것들도 있어서 나이를 가늠하기 힘들다.

세계에서 가장 오래된 나무는 미국 캘리포니아 주 화이트마운틴에 사는 브리슬콘 소나무로 2016년 현재 4,847세가 되었다고 미국 정부가 자랑스럽게 발표했다. 하지만 나무를 보호하기 위해 정확한 위치 정보는 차단해 두었다. 이 나무에는 '므두셀라'라는 이름이 붙었는데,

이는 969살을 살았다는 성서에 나온 노아의 할아버지 이름이다.

인도의 벵갈고무나무 중에는 9,500리터의 물을 몸 안에 저장하며 천년도 넘게 사는 것들이 있다.[141] 또 수천 개의 기둥 모양을 한 지지근들이 거대한 나뭇가지들을 떠받치고 있어서 나무 한 그루가 수천 평의 땅을 뒤덮는다. 알렉산더대왕이 벵갈고무나무 한 그루 아래에서 7,000명의 병사들과 함께 야영을 했다고 하니 어마어마한 크기이다.

미국 세콰이아 국립공원에는 자이언트 세콰이아가 숲을 이루고 있는데, 이 나무들도 나이가 3,000에서 4,000살로 추정되며 키는 100미터를 훌쩍 넘는 것도 있다.[142] 이 중 가장 뚱뚱한 나무는 셔먼장군이라 명명된 나무로서 높이가 약 84m, 지름은 11m에 이르는데, 놀라운 것은 지금도 계속 자라고 있다는 거다.

자이언트 세콰이아의 장수 비결은 바로 산불이다.[143] 이는 우리의 평범한 상상을 초월한다. 미국 서부 지역은 산불이 자주 발생하는데, 이 나무들은 두꺼운 수피를 가지고 있어서 불에 잘 안 타는 단열효과가 있다. 게다가 산불이 나야 솔방울이 열려 씨앗이 싹트고, 재가 있어야 잘 자란다. 아주 큰불이 나면 불이 줄기의 한 부분에서 안쪽까지 타들어가 줄기의 반대쪽을 뚫고 나오기도 한다. 그렇게 되면 줄기가 텅 비어 동굴처럼 되고 사람이 그 속으로 들어가 통과해 나올 수도 있는데, 그래도 이 거대한 나무줄기는 타지 않고 남아 있다.

게다가 큰불이 휩쓸고 가면 땅속에 있던 씨앗들 중 일부는 밖으로 발아하도록 자극받는다. 불은 각종 독소를 파괴해주고 불이 남긴 재는 일시적으로 땅을 비옥하게 해준다. 또 햇빛이 텅빈 땅을 많이 비추므로 씨앗의 입장에서는 싹을 틔우기 좋은 조건이 된다. 불로 자신을 활활 태우고 잿더미 속에서 다시 새로운 생명을 시작하는 불사조 phoenix가 연상된다.

나무가 오래되면 줄기에 빈 곳이 생기기도 하는데 속이 썩어 비어버려도 가지나 잎은 무성하게 잘 자란다.[144] 중심부는 죽었어도 바깥쪽의 새 세대는 아무 문제없이 팔팔하다. 새로운 세대로 인해 나무는 해마다 젊어진다. 그래서 나무는 죽는 일 없이 수백 년 수천 년을 살아간다. 삶과 죽음이 공존하는 것이다. 나무는 젊어 있는 동시에 늙어 있고 죽어가는 동시에 살아간다. 인간도 해마다 젊어질 수 있다면 얼마나 좋을까?

종교는 '영원'을 추구해왔다. 현세의 삶이 끝나면 내세가 존재한다는 것은 생명의 지속성과 영원성의 추구이다. 이는 어찌 보면 식물적 삶의 전형이기도 하다. 식물에게는 삶과 죽음의 경계가 비교적 분명하지 않고 생명이 지속적으로 연장되어 간다. 종교가 말하는 영원한 생명은 이러한 식물적인 연장과도 비슷하다. 예수가 달린 십자가는 생명의 나무로서 식물적 재생과 부활을 상징한다. 3일만의 예수의 부활의 의미는 씨앗이 땅속에서 죽고 새 싹을 틔우는 '식물적' 사건이다.

찰나에서 영원으로

나무는 시간의 주기적 이동을 보여준다.[145] 숲의 모든 것이 변하고 지나가도 나무는 홀로 남는다. 나무는 오래된 것과 새로운 것, 유한함과 영원함, 그리고 죽음과 생명의 순환을 보여준다. 가을에 낙엽이 지는 것이나 일년생 식물이 꽃을 피운 후 죽는 것은 식물 입장에서는 단순한 죽음이 아니다.

이 과정은 '세포자살'이라는 예정세포사 과정으로서, 세포의 입장에서는 이 시기가 아주 바쁜 시기이다.[146] 이 과정에서 새롭게 합성된 효소들은 엽록소와 여러 화학물질들을 분해하고 그 분해 산물들은 회수되어 재활용되기 때문이다. 낙엽은 단순한 노화와 죽음의 산물이 아니다. 삶과 죽음이 교차하는 식물의 '생의 한가운데'를 상징한다.

인간은 삶과 죽음 사이에서 고뇌하는 동물이다. 인간은 살려는 욕구도 강하지만 죽으려는 욕구 또한 만만치 않다. 동물 중에 유일하게 인간이 자살하는 것을 보면 알 수 있다. 특히 따뜻한 봄날 오후에 자살하는 사람이 많다고 한다. 만물이 약동하는 생생한 봄에 왜 자살하고 싶어질까? 생명이 불타오를수록 죽음의 열망도 가속화되어 그런 걸까?

살아간다는 것은 곧 죽어가는 과정이다. 인간은 삶의 본능만큼 죽음의 본능도 강하게 가지는데, 그건 인간이 원래 흙에서 나와서 고향인 흙으로 돌아가야 하기 때문이란다. 귀소 본능이라고나 할까? 하지만 삶에 대한 욕망만큼 공포도 강해서인지, 인류의 끈질긴 불사와 영생에의 희구는 21세기 과학의 발전과 함께 열렬히 다루어진 주제였다. 나일강가에 피라미드를 세우는 대신, 외단을 만들어 먹는 대신, 이제 인간은 과학기술의 힘을 활용하게 되었다.

인간의 지식과 지혜는 인간의 삶을 송두리째 바꾸고 있다. 근대적 이성의 빛이 비추지 않는 곳은 거의 없다. 지구의 끝까지 탐험했던 그 시대정신은 이제는 인간 의식의 바닥과 DNA구조까지 샅샅이 탐사하였다. 새로운 세계를 향한 도약은 지구 밖의 별을 탐사하는 것도 모자라, 가상의 공간까지 창조해내기에 이르렀다. 머지않아 인간은 장기를 무한 이식하면서 영생을 누릴 수 있고, 의식만 따로 떼어내어 미지의 세계로 여행할 수도 있을 것이다.

21세기 과학의 발전은 나노기술과 유비쿼터스 등으로 시간과 공간의 제약성을 초월하게 되었다.[147] 이제 인류는 몸과 몸 사이를 여행하거나, 자기기억을 변형하거나, 과거나 미래로 시간을 제어하여 이동하는 일이 가능해 질 것이다. 나노기술nano-technology은 10억 분의 1 수준의 정밀도를 요구하는 극미세가공 기술로서 DNA구조를 이용한 동식물의 복제나 강철섬유 같은 새로운 물질제조를 가능하게 하며, 유비쿼터스* 문화는 사용자가 어디서나 자유롭게 네트워크에 접속할 수 있는 환경을 말한다. 그래서 '찰나'의 문화이기도 하다. 찰나와 찰나가 서로 접속하면서 시간이 연속되고 영원으로 이어진다. 하이퍼월드Hyperworld는 영상이동기술로 가능한 가상적 공간으로서 '찰나'들이 만나는 장소이다. 이는 교역의 장소이며 동시에 모든 행위의 초감시 장소가 될 수 있다.

영화 〈마이너리티 리포트2002〉에서는 인간의 두뇌에 여러 가지 종

* Ubiquitous: 물이나 공기처럼 시공을 초월해 '언제 어디에나 존재한다'는 뜻

류의 나노칩들을 이식하는데, 이것은 이식기술칩에 의한 가상 프로그램, 가상현실^{VR: Virtual Reality}을 보여준다. 영화 속 가상현실 숍에는 번지점프와 같은 가상 스포츠 환상 체험, 고공비행 체험, 가상 게임 등 다양한 체험이 가능하다. 체험자는 디바이스를 조작하거나 명령함으로써 가상현실과 상호작용할 수 있다. 이것이 실용화된 것으로는 비행훈련 시뮬레이션이나 세컨드 라이프 같은 게임이 있다.

〈매트릭스¹⁹⁹⁹〉 또한 가상현실을 다룬 유명한 영화이다. 이 영화에는 척수가 만나는 연수에 유선 네트워킹을 꽂아서 정신을 분리하는 장면이 나오는데, 이것이 바이오포트^{Bioport}이다. 이렇게 정신을 연수에서 분리하여 무수한 디지털 프로그램에 접속시키면 눈 깜짝할 사이에 각 프로그램들의 구조와 기능을 학습할 수 있게 된다. 앞으로의 세상에서는 공부를 못해서 고민하는 아이와 학부모는 없을 듯하다.

과학기술의 발전과 더불어 생명과학에서도 경이로운 발전이 이루어지고 있다.[148] 장기이식과 생명복제기술의 진전이다. 인간 노화의 원인이 텔로미어^{telomere}의 단축과 관련이 있다는 것을 알아냈고, 이의 단축을 방지하거나 재충전하여 영구한 젊음을 유지할 방도를 찾게 되었다. 2015년에 FDA의 승인으로 TAME[*]실험이 시작되었다. 미국노화연구재단의 지원으로 진행되는 이 실험은 노화를 가져오는 분자의 경로를 파악하여 노화를 약품으로 치료하는 것이다. 병들고 노쇠한 장기를 건강하고 젊은 장기로 교체하거나 대신하는 것도 가능해진다. 미래인

---

* Targeting Aging with Metformin

간은 트랜스휴먼으로서 감각기관 등 장기에 문제가 있을 때에 그것을 기계로 대체하게 될 것이다.

3D 프린터 기술의 발전과 더불어 세포를 층층이 프린트하는 바이오프린팅bioprinting 기계로 살아있는 피부조직을 만들어 환자에게 직접 이식이 가능해진다. 뿐만 아니라 미래과학의 대표기술인 줄기세포를 활용한 의학의 눈부신 발전이 이루어질 것이다. 나노기술의 발달 또한 불로불사의 인간 행복에 크게 기여한다. 초미세입자를 활용한 나노기술은 암세포를 찾아서 파괴할 수 있는 작고 기능적인 기기개발에 활용될 수 있기 때문이다. 나노봇Nanobot이 그것이다. 나노봇은 나노 기술을 통해 탄생한 로봇으로 혈구보다 작아서, 혈관이나 몸속을 드나들며 병을 예방하고 치료할 수 있다. 지난 2012년 하버드대학 연구진은 나노봇을 통해 환자의 정상 세포가 아닌 암세포만을 공격해 치료한 사례를 발표하기도 하였다.

2015년에 의료기기가 스마트폰과 연결되었다. 애플이 심장박동수 센서와 가속도계를 이용한 스마트 워치를 출시했다. 이러한 센서들은 인체에 착용할 수 있고, 인터넷에 연결되어 방대한 양의 유용한 건강정보를 수집하여 병원에 가지 않아도 큰 병을 예방하게 해줄 것이다.

1996년 영국에서 복제양 '돌리'가 탄생한 이후로 생명체 복제에 큰 진전이 이루어졌다. 특히 시차를 둔 쌍둥이를 만드는 인간복제는 거부반응 없는 이식용 장기나 조직의 제공에도 활용할 수 있게 되었다. 불의의 사고나 불치병으로 장애를 겪는 사람들의 불편도 해소될 날이 멀지 않았다.

과학학술지 〈사이언스Science〉는 2015년의 가장 혁신적인 기술로 '크리스퍼CRISPR 유전자 가위 기술'을 선정했다. 크리스퍼로 유전체를 스캔해 유전자의 결함을 정확히 찾아낸 다음, 이 DNA를 교체하거나 손쉽게 잘라내는 것이다. 미국 하버드대학교는 인간에게 이식된 돼지의 유전자 중에서 거부반응을 일으키는 부위만을 찾아 DNA조각 62개를 한꺼번에 잘라내는 데 성공함으로써, 돼지와 인간의 장기이식 가능성에 한 걸음 더 다가섰다.

제약산업이 정보기술 산업과 만나 신경에 자극을 주어 질병을 치료하는 전자약electroceuticals을 개발하기 시작했다.[149] 이 약은 한 번 생체에 이식하면 효과가 지속되므로 매일 약을 먹는 불편을 없앨 수 있으며 부작용도 거의 없다. 이 전자약은 과민성 방광 증후군과 같은 병에서부터 간질과 장염, 천식 같은 만성질환과 심지어는 암과 파킨슨병, 알츠하이머 치매 등 난치병에까지 도전하고 있다.

2008년 미국 피츠버그대학의 신경과학자들은, 원숭이의 두뇌에 전극을 이식하여 로봇 팔을 움직여 음식을 먹거나 컴퓨터 마우스를 작동시키는 데 성공했다. 3차원적인 뇌-컴퓨터 인터페이스 기술 개발에 성공한 것이다. 이 기술이 성공했다는 것은 큰 의미를 가진다. 보철 팔의 사용이 가능해져 조만간 인간에게 적용할 가능성이 생겼기 때문이다. 이제 인간은 사이보그cyborg가 되어 불사의 꿈을 절반 정도는 이룰 수 있게 되었다.[150]

더욱 놀라운 것은 합성생물학으로 만들어지는 인공생명체이다.[151] 생명과학과 기술과학이 결합한 합성생물학을 통하여 각종 생물시스템을 설계하여 제작할 수 있다. 인공생명체를 만드는 일이 가능해진다면 세상은 완전히 변할 것이다. 얼굴을 바꾸는 능력이 있는 인간이나 새처럼 날 수 있는 인간을 만들 수 있게 되어, 영화에 나오는 스파이더맨이나 캣우먼 같은 영웅인간을 실제로 보는 것이 가능할 것이다. 죽은 가족을 다시 만들어 내거나 자신의 복사본을 만들어 성능을 향상시킬 수도 있다.

과학기술과 생명공학의 발전은 인간으로 하여금 찰나에서 영원으로 진입할 수 있는 계기를 제공해 주었다. 3차원의 시공간에서 생활해 온 인간은 이제 그 제한을 넘어 가상공간에서의 다차원적 삶이 가능해졌다. 또한 장기복제 등 생명복제가 가능하게 됨에 따라 삶의 유한성도 극복하게 되었다. 낡은 장기를 새것으로 교체하고 자신의 복제인간인 클론을 만들어 영원한 삶에까지 도전할 수 있게 된 것이다.

경이로운 '영원'으로의 발걸음은 인간 사회의 가치관과 생활양식을 급속도로 뒤흔들어 놓을 것이다. 이러한 진보는 인류에게 행복도 주지만 극도의 해악이 될 수 있다는 것을 알아야 한다. 나노기술이나 가상공간, 생명복제의 기술들에 인간의 무제한적 욕망이 덮여진다면 사태는 수습할 수 없는 공멸의 길로 접어들 것이 자명하다. 인간이 이 모든 것들을 제대로 향유하려면 죽음과 삶, 찰나와 영원을 넘나드는 의식의 자유로움이 필요하다. 우리는 그것을 담담하고 무심하게 살고 죽는 식물에게서 배울 수 있다.

나를 찾는
모험의 여정

씨앗은 가능성이고 내 마음을 흔든다

그 안에 거대한 나무가 있고 우주가 있다

하늘에 뿌리를 둔 나무

대기로 가지를 내린 열매

두려움이 없다면

나태함과 만족만 없다면

씨앗에 귀 기울일 수만 있다면

다시 씨앗이 되어

어디로든 떠날 수 있으리라

꽃들에게 희망을

전 세계인들을 매혹시킨 트리나 폴러스의 동화 『꽃들에게 희망을』에는 다른 애벌레들을 따라 무작정 여행길에 오른 애벌레 이야기가 나온다.[152] 하늘 끝까지 위로 오르는 애벌레들을 보고 그냥 계속 따라가던 주인공 애벌레는, 그 마지막 꼭대기에 결국 아무것도 없다는 걸 알게 된다. 천신만고 끝에 정상에 오른 애벌레들은 뒤따르는 애벌레들에 밀려 무참히 떨어져 죽을 따름이다. 정말 허무한 이야기이다.

이 이야기에는 무의미한 삶, 성공하려는 삶, 그저 남들을 따라하는 삶에 대한 연민과 고발이 담겨 있다. 만약 이 애벌레들이 자신의 본성을 따라 고치를 만들고 변태했다면 아름다운 나비가 되어 날아올랐을 것이다. 주인공 애벌레는 다행스럽게도 고치 속에서 답답함을 참아내고 노랑나비로 변태하여 자유롭게 날아오른다. 노랑 애벌레는 자신의 본성을 실현했을 뿐이다.

식물의 본성은 작은 씨앗에 있다. 씨앗에서 시작하여 씨앗으로 끝나는 것이 식물의 삶이다. 인간은 어떤가? 없음無에서 시작하여 없음無으로 끝난다. 어머니의 자궁에서 시작하여 우주의 자궁으로 돌아간다. 에너지로 본다면 뭉쳤다가 흩어지고 다시 다른 어떤 것으로 뭉칠 준비가 되는 것이다. 삶은 뭉치면서 동시에 흩어지는 것이다. 흩어지면서 뭉치는 것이라고 해도 맞다. 불교에서는 이것을 '업業'이라고 하는데 '업을 짓고 업을 닦고 업을 푼다'고 한다. 선업인지 악업인지는 자신의 선택이다. 씨앗은 생명이고 생명이 다시 생명이 되는 것은 모든 생명체들의 일이다.

요즘에는 이것을 유전자 전달이라고 한다. 생명체가 자신과 같거나 비슷한 개체를 만드는 것이고, 유전자가 개체에서 개체로 옮기며 영원히 지속하는 것이다. 유전자를 좋아하는 전문가들은 또 다른 유전자를 생각해 냈는데, 그것은 문전자이다.[153] 이는 '문화전달자'의 준말인데 유전자를 'gene'이라고 하니까 문전자는 이를 본 따서 'meme'이라고 이름 붙였다. 이 밈 또한 식물로 치면 씨앗이다. 이 씨앗은 생각과 마음 같은 것으로 이 씨앗 역시 자신을 다시 만들어 내는 것이 그 임무이다.

물론 씨앗의 생애는 고달프기 짝이 없다. 땅에 심기우지 못하고 먹이가 되어 버리거나 바람에 쓸려 공중으로 사라지거나 할 수도 있다. 나쁜 땅에 심겨졌거나 조건이 안 맞아서 싹을 영영 틔우지 못할 수도 있다. 겨우 싹이 났는데 곤충의 밥이 되어버릴 수도 있고, 꽃을 피웠는데 아무도 중매해주지 않아서 혼인을 못하고 아기를 못 가질 수도 있다. 아니면 장난꾸러기 아이들에게 뽑히거나 불에 타 버릴 수도 있다. 열매를 맺어도 속의 씨앗이 영글기 전에 태풍에 가지가 꺾일 수도 있고, 씨앗배달부의 뱃속에서 완전히 소화가 다 될 수도 있다.

사람들의 험난한 삶처럼 식물들도 다난한 삶을 산다. 자기 생명의 실현은 사람에게나 식물에게나 어려운 일이다. 작은 씨앗을 들여다보면 무슨 씨앗인지 알기 어렵다. 하지만 씨앗은 꽃이 피고 열매가 열리면 그 정체를 확실히 알 수 있는 법이다.

중요한 건 씨앗이, 식물이, 자기 본성을 다 한다는 것이다. 비, 바람, 천둥 번개, 서리, 우박, 태풍, 가뭄 등등 모든 기후의 변덕에도 두려워하거나 태만하지 않고 천천히 묵묵히 자기 본성을 실현한다는 것이다. 복숭아나무가 바람이 너무 많이 불어 열매가 떨어질까 봐 안전해 보이는 포도나무로 변신하지는 않는다. 자연스럽게, 자연대로, 복숭아 씨앗은 복숭아 열매를 맺어 그 속에 복숭아 씨앗을 두고, 포도 씨앗은 포도 열매를 맺어 그 속에 포도 씨앗을 둔다. 물론 아주 먼 곳으로 이주하여 심기우면 그 곳 환경에 맞추어 자신을 살짝 변화시키기는 한다. 하지만 본성을 바꾸지는 않는다.

우리 인간들이 즐기는 과일과 식물 중에는 식물의 본래 성질을 변화시킨 것들이 많다.[154] 재배한다는 것은 식물을 여러 가지 극심한 환경에 두어 그 습성을 강제로 바꾸는 것이다. 뚱뚱하고 과즙이 풍부한 배의 원래 모습은 딱딱하고 작고 떫은 배였다. 양배추도 야생시절에는 제멋대로 뻗은 매운 이파리였다. 정말 먹을 만한 게 아니었다. 하지만 잠깐이라도 감시를 소홀히 한다 싶으면 배와 양배추는 언제라도 본래 모습으로 돌아가려고 호시탐탐 기회만 보고 있다. 본성이란 그렇게 무서운 것이다.

자연에서 본성 실현은 그다지 어려워 보이지 않는다. 노랑 애벌레는 노랑나비가 될 것이고 호랑 애벌레는 호랑나비가 될 것이다. 배나무는 배를 맺을 것이고 포도나무는 포도를 맺을 것이다. 문제는 자신의 본성을 실현하지 못할 때이다. 하지만 자연에서는 이럴 가능성이 거의 없다.

문제는 인간의 경우이다. 인간의 치밀함과 이성이 오히려 본성을 실현하는 데 방해가 된다. 자연상태로 두면 저절로 잘 자라날 것을 이리 재고 저리 기획을 하는 바람에 말이다. 배나무인데 포도나무처럼 기르려고 애를 쓰고, 호랑애벌레를 노랑애벌레로 바꾸려고 무진 노력을 한다. 하지만 본성을 무시한 노력이 얼마나 효용이 있을까? 본성이라는 말이 잘 와닿지 않으면 '개성character'이라는 말도 좋겠다. 각자가 가진 특성이 본성이니까. 개성과 본성이 발현되도록 하려면, 무슨 씨앗인지 모르겠어도 싹이 틀 때 가만히 그 소리를 들어보고 그 싹이 잘 자라도록 도와주기만 하면 된다.

초보자는 식물을 잘 키우기 어렵다. 그래도 관심만 있으면 화분의 식물을 쉽게 죽이지는 않는다. 해가 잘 드는 곳에 두어보니까 비실거리는 놈은 약간 그늘로 옮겨주면 되고 해가 쨍쨍 드는 데서 생생한 놈은 거기 두면 된다. 물을 많이 주어 팔팔해 보이면 자주 많이 주고, 그렇지 않으면 물을 조금씩 가끔 주면 될 터이다. 참, 해충이 있나 보고 잡아 주어야 한다. 화분 속에서는 지원군을 부를 수 없으니 말이다. 그게 힘들면 살충제를 써야 한다. 이 정도만(?) 신경 쓰면 화분의 식물도 제법 예쁘게 자라나 우리를 즐겁게 해준다.

사람을 키우는 것도 마찬가지다. 자녀도 마찬가지다. 내 자식이라고 해서 나의 복사판이라고 생각하면 오판이다. 나의 유전자를 가진 것은 맞지만 다른 개체이다. 다른 영혼이다. 나의 클론이 아니다. 아이의 개성이 어떤지 나는 모른다. 아이가 잘 자라 본성을 실현하는 것을 원한다면, 아이의 멋진 변형을 원한다면 조심히 가만히 살펴야 한다. 무슨 나무인지, 무슨 열매를 맺을지, 무슨 애벌레이고 무슨 나비가 될지 말이다. 싹이 나면 햇빛 쪼이고 물주고 자라게 두면 된다. 애벌레가 끙끙댄다고 고치를 열어주면 안 되고, 너무 물을 많이 주어서 뿌리를 곯리면 안 된다. 이제는 100세 시대가 되었다. 인생 이모작 삼모작의 시대에 나 자신을 키우고 가꾸는 일 또한 마찬가지 아닐까?

잠에서 깨어

우선은 싹을 틔우는 것이 중요하다. 씨앗은 짧게는 며칠, 몇십 일, 아니면 몇 년이고 땅속에 있을 수 있고 그러다가 여건이 맞을 때 땅을 헤치고 나온다.[155] 마가목의 씨앗은 최대 5년 동안 대기하다가 유리한 조건이 되면 땅 위로 나온다고 한다. 72년 경 로마군에 끝까지 저항했던 유대인의 요새 마사다에 남겨졌던 대추야자 씨앗이 한참 후에 고고학자들에게 발견되어 우연히 식물학자에 의해 심겨졌는데, 놀랍게도 싹을 틔워 나무로 자라난 경우도 있다. 이 씨앗의 나이는 무려 2,000년이 넘는다.

씨앗의 싹이 언제 나올지를 알기는 힘들다. 하지만 좋은 환경을 만들어 기다리다 보면 어느 순간 싹을 틔울 것이다. 가녀린 줄기가 땅을 뚫고 탁! 하고 나오는 순간, 그리고 떡잎이 천천히 고개를 드는 순간을 주목하자. 그 순간은 가능성이 현실로 한 발 내딛는 순간이다. 자신도 알지 못했던 감성이, 직관이, 영감이, '탁!' 하고 솟는 순간이다. 그 순간을 잘 포착해야 한다. 싹이 났는지도 모르고 멍청히 있다가 싹을 말려 죽일 수도 있다.

야들한 떡잎을 보고 감동하지 않을 사람은 없을 것이다. 하나의 떡잎이 다른 떡잎을 또 틔울 때 새 생명의 경이로움을 느끼게 된다. 줄기도 하루가 다르게 자란다. 큰 나무를 키울 때보다 작은 식물을 키우는 것이 더 생동감 있는 것은, 마치 아기의 움켜진 손이 조금씩 열리는 것을 보는 듯한 즐거움이 있어서이다. 이 가능성의 이파리와 줄기들을 애지중지 키우는 것이 중요하다. 언제 꽃이 피고 열매를 맺을지 걱정하지 말고 하루하루 보살피고 햇빛 쪼이고 물주다보면, 어느새 기대를 저버리지 않고 활짝 피어나 제 할 일을 다 할 것이다. 우리들의 가능성들도 매한가지다.

가능성을 싹틔우는 일은 개체마다 다 다르다. 어떤 식물은 조숙해서 빨리 싹을 낸다.[156] 열대지방의 갯벌이나 바닷물에서 자라는 붉은 맹그로브는 씨가 나무에 달려 있는 상태에서 벌써 싹을 틔운다. 나무들은 이 조숙한 씨앗들을 바닷물에 떨어뜨려 준다. 얼른 독립시키는 것이다. 이들은 바닷물 속에서 똑바로 떠 있다가, 파도가 갯벌 진흙 위로 밀어주면 창같이 생긴 원뿌리*를 부드러운 갯벌에 단단히 박아 정착한다. 일찍부터 독립할 준비를 마친 철이 빨리 든 씨앗들이다.

씨앗은 싹을 틔울 때 첩보원처럼 주변의 정보를 재빨리 수집한다.[157] 식물의 첩자는 색소 단백질인 피토크롬이다. 피토크롬은 태양 광선의 종류를 분석하여 이웃 식물들의 위치를 감지한다. 이 정보를

* 씨앗 속에 있던 어린 뿌리가 뻗어서 된 뿌리

가지고 식물은 그들을 피해갈 수 있도록 성장을 조절한다. 주변에 키가 큰 식물들이 자라나고 있을 때는 그 그늘 아래 싹을 틔우지 않고 잠자는 상태를 유지한다. 싹을 내었다가 햇빛이 없어서 죽느니 땅속에서 더 기다리는 것이 유리하기 때문이다.

어떤 씨앗은 땅속에서 아주 오랫동안 잠자는 것들도 있다. 그렇다고 죽은 것은 아니다. 씨앗은 조건이 맞지 않으면 싹을 틔우지 않기 때문에 몇십 년이고 몇백 년이고 땅속에서 쉴 수 있는데, 이를 '종자휴면'이라고 한다.[158] 기후변화가 심한 지역에서 너무 춥거나 너무 더우면 싹을 틔우지 않고 기다리는 것이다. 그건 씨앗이 신중해서이다. 수명이 긴 씨앗은 겨울이나 가뭄이나 다른 장벽이 가로막혀 있어도 좋은 계절을 기다려 살아남는다. 휴면기를 두는 것은 열대우림을 제외한 거의 모든 환경에서 탁월한 전략이 된다. 싹틔우기는 활을 벗어난 화살처럼 돌이킬 수 없는 과정이다. 나쁜 조건에서 멋모르고 싹을 내었다가는 아주 짧은 생으로 마감할 수도 있으니 조심해야 한다.

씨앗의 잠종자휴면을 깨우는 데는 동화 속 이야기처럼 백마 탄 왕자님의 방문이 필요할까? 하지만 잘생긴 기사만이 공주를 구하는 것은 아니다. '슈렉' 같은 괴물도 피오나 공주를 구한다.[159] 물론 키스해서 깨우지는 않고 말이다. 씨앗에게 가장 유리한 신호가 오면 된다. 그러면 식물의 씨앗은 왕자나 기사 없이 '자기 스스로' 잠에서 깨어난다.[160] 식물은 동화 속 공주처럼 연약하지 않으니까.

사막이라면 보슬비 정도가 아닌 충분한 소나기가 그 신호이다. 불이 잘 나는 곳에서는 높은 열과 연기가 잠을 깨운다. 화재로 인해 경쟁식물들이 사라지는 것이 생존에 유리한 조건이기 때문이다. 또한 연기 속 뜨거운 기체에 노출이 되어야 하는 씨앗들이 있고, 부분적으로 숯이 된 나무에서 화학물질이 방출될 때 이에 반응하는 씨앗들도 있다. 여름이나 가을에 심긴 씨앗은 긴 추위가 필요하다. 상추와 같은 씨앗들은 땅속에서 햇빛의 양을 감지한다. 온도와 습도가 적절해도 햇빛의 양이 부족하면 움직이지 않는다.

어떤 야생 겨자는 깊이 180센티미터나 되는 눈밭 속에서도 햇빛의 각도와 길이 변화에 반응하고, 숲의 많은 식물 종들은 그늘 없이 환한 햇빛과 잎을 통과하여 내려오는 적외선 파장 사이의 차이를 인식한다. 인간도 마찬가지일 것이다. 자신의 가능성의 싹을 틔우는 데 필요한 환경과 조건은 개개인에 따라 다를 것이다.

씨앗이 싹을 틔우고 다시 씨앗을 만드는 과정에는 몇 가지 주의할 일이 있다. 씨앗이 제때에 세상에 나오지 않으면 어떻게 될까? 바깥세상을 두려워하면 어떻게 될까? 아니면 게을러서 나오지 않을 수도 있겠지. 씨앗에는 엄마가 싸준 도시락도 들어 있다.[161] 이렇게 엄마가 챙겨준 양식과 재물이 있으니 땅 위로 나와 자기 삶을 시작하려 하지 않으면 곤란해진다.

파울로 코엘료의 『연금술사』는 스페인의 양치기 소년 산티아고가 연달아 같은 꿈을 꾸면서 결국에는 그 꿈을 찾아 떠나는 모험의 이야기이다.[162] 그가 밤마다 꾸는 꿈은 그의 꿈dream이 되어 버리고, 그는 그 꿈을 찾아 이집트로 떠난다. 가지고 있는 양을 모두 팔아 여비를 마련하는 것이 씨앗으로서의 그의 여정의 첫 시작이다.

하지만 모든 사람이 꿈을 좇아 시작하는 것은 아니라고 소설은 말한다. 오히려 꿈을 좇아가는 사람은 극소수이다. 꿈은 꿈이지 현실이 아니다. 실현되지 않을 수도 있다. 그 두려움에 시작조차 못한다. 다른 문제는 게으름이다. 산티아고는 양치기 생활에 익숙해져서 그런대로 살아가고 있었다. 굳이 힘들게 어려움이 따르는 모험을 떠날 필요는 없었다. 하지만 산티아고는 꿈을 좇아 일단 모험의 길을 시작한다. 정들었던 양들, 일일이 이름을 부르며 길렀던 양들을 뒤로하고 말이다.

옹골차게 자라나

씨앗이 다시 씨앗을 만들려면 죽지 않고 생명을 영위해야 한다. 별별 적들이 다 식물을 공격한다. 이제 갓 피운 싹은 곤충들의 좋은 먹잇감이고 땅속에 내린 가녀린 뿌리는 선충들의 간식거리이다. 며칠 전부터 우리 집 화분의 새싹들도 비실댄다. 이파리에는 벌레가 안 보이는데 아마도 뿌리가 공격을 당한 것 같다. 뿌리에 문제가 생기면 심각하다.

숲의 엄마나무들은 어린 아기나무들이 쑥쑥 자라도록 두질 않는다. 엄마가 거대한 수관으로 자식들을 뒤덮고 다른 어른 나무들과 힘을 합하여 숲 전체에 두꺼운 지붕을 씌워버린다. 그렇게 되면 아기나무들이 받을 수 있는 햇빛의 비율은 3%밖에 안 되어서 겨우 목숨을 부지할 정도의 광합성만 할 수 있을 뿐 성장은 엄두도 못낸다. 하지만 나무들에게는 어릴 때의 느린 성장이 오히려 장수할 수 있는 조건이 된다. 느리게 자라면 나무 내부의 세포는 아주 작고 탄성도 좋아 바람에 잘 견딘다. 뿐인가? 촘촘하고 질긴 나무줄기를 가지게 되어서 곰팡이나 상처에도 잘 버틸 수 있다. 싹도 질기고 써서 동물들이 잘 먹지 않는다.

엄마나무가 쓰러지면 아기나무는 엄마의 빈자리를 틈타 햇빛을 맘껏 받고 놀라운 속도를 내어 자라는데, 이러다 보면 각종 위험에 한꺼번에 노출이 된다.[163] 곤충과 초식동물들, 덩굴을 가진 기생식물들이 한창 자라나는 나무를 괴롭힌다. 성장기 청소년들이 사회의 각종 위험과 유혹에 휘둘리는 것처럼 말이다. 하지만 당당한 어른이 되려면 나무든 사람이든 겪어내야 할 과정이 아니겠는가.

곤충이나 동물들에게 이파리를 어느 정도 내어주어야 할 때도 있다. 『연금술사』의 산티아고는 꿈을 찾는 과정에서 이미 가진 것들을 포기해야 했고, 여비로 마련한 전 재산을 한순간에 도둑맞기도 했다. 식물을 갉아먹는 적들은 나를 해치는 외부의 적들일 수 있다. 도둑처럼 말이다. 하지만 내부의 적도 있다. 나쁜 습관, 부정적 생각, 안일함, 만족감이다.

산티아고도 여러 번 어려움과 생명의 위협을 당하지만, 이런 외부의 적들보다 더 물리치기 힘든 것은 내부의 적이었다. 보물을 찾는 여정에서 순간순간 안도의 시간이 올 때였다. 여비를 모두 도둑맞고 크리스탈 가게에서 1년 가까이 일해 다시금 돈을 마련했을 때 그는, '이쯤이면 되었어, 이제 고향으로 돌아가서 다시 양치기 생활로 돌아가자.'

라고 생각한다. 이것이 내부의 적이다. 우리는 누구나 적당한 때에 만족하고 안주하고 싶어 한다. 하지만 이러한 외부의 적과 내부의 적을 다 물리칠 때 씨앗 만들기의 과업은 가까워진다.

씨앗 만들기에서 중요한 일은 혼인이다. 식물도 혼자 살기는 싫어하고 자기 짝을 찾으려 노력한다. 멀리 있는 짝일수록 좋다. 하지만 움직일 수 없는 식물은 적극적으로 중매쟁이들을 불러들인다. 중매쟁이들이 필요로 하고 좋아하는 것들을 잔뜩 만들어 쌓여 놓고는 색깔과 향기로 초대장을 보낸다. 식물들이 마련한 향연에는 철저한 자연의 법칙이 작동한다. 무임승차자는 없다. 윈윈 게임의 법칙처럼 식물은 중매쟁이들을 통하여 혼인하고 또 그들에게 확실히 답례한다.

산티아고의 여정에서도 이 법칙이 그대로 적용된다. 꿈을 해몽해준 집시노파에겐 찾은 보물의 십분의 일을, 길을 떠나도록 격려해준 살렘왕 멜기세덱에게는 양들의 십분의 일을 준다. 이렇게 그는 여행길의 굽이굽이에서 자기 꿈의 중매쟁이들에게 답례를 한다. 인생으로 보면 이 중매쟁이들은 멘토이기도 스승이기도 할 것이다. 상상할 수 없는 먼 곳으로 여행하게 해주는 사람들이다. 그 여행을 몸으로 하든 마음으로 하든 말이다.

그런데 식물이 답례품을 준비하지 않으면 어떻게 될까? 힘들어서, 아까워서, 꿀이나 화밀이나 유익한 화합물들을 만들지 않거나 만들고도 나누지 않는다면, 식물 또한 씨앗 만들기에 실패하고 말 것이다. 물론 어떤 식물들은 혼인만 시켜 달라 해놓고는 답례는 안하는, 사기꾼처럼 구는 것들도 있기는 하다. 하지만 그런 식물들은 지구상에서 일반적이지 않다. 번성하지 못한다. 때로는 적을 끝까지 공격하느라 힘이 빠져서 꿀이나 화밀을 미처 준비하지 못할 수도 있다. 이건 경영의 실패다. 씨앗 만들기가 무엇보다 중요한 것 아닌가? 적은 적절한 선에서 쫓아내면 된다.

식물이든 인간이든 자가수분은 좋지 않다. 생각과 지혜도 마찬가지이다. 낯선 곳으로 가서 몰랐던 것과 부딪히는 데서 우리 영혼은 자라난다. 우리 정신도 무수히 새로움에 맞닥뜨려야 한다. 은둔하거나 폐쇄적인 사람은 자가수분형이라고 볼 수 있을 것 같다. 누구에게나 탁트인 마음을 개방하는 사람은 많은 씨앗을 맺을 수 있을 것이다. 남에게서 배우지 않는 독단형도 위험하지 않을까? 장점과 배울 점은 누구에게나 다 있다. 누구나 다 나의 스승이 된다. 그런데 자신의 생각만이 옳다고 생각하는 사람은 세상과 중매해주는 좋은 스승을 만나기 힘들 것 같다.

이제 양분을 저축해서 열매와 씨앗을 만들어야 한다. 햇빛으로 양분을 만들고 땅속에서 수분과 양분을 모아 자식을 잘 기르는 인내의 시간이 되었다.

성인식

길고 긴 계절의 끝에서 식물은 겨울잠을 준비하면서 한 세대를 갈무리한다. 인간은 논과 밭과 들에서 풍성한 곡식과 열매를 거두지만 식물은 다름 아닌 자기 아기들인 씨앗을 받아낸다. 씨앗은 식물의 아기인 셈이다. 인간은 아기들이 자라는 동안 오랜 세월을 아기들과 함께하지만, 식물은 아기들이 태어나면 서둘러서 독립시킨다.* 식물은 겨울이 되어 땅이 얼어붙기 전에 자식들을 분가시켜야 한다. 아기들인 씨앗은 이런저런 험난한 여정을 거쳐 서둘러 땅속에 들어가야 한다.

인간은 되도록 가까운 곳에 자식들을 두려 하지만 식물은 되도록 먼 곳에 자식들을 보낸다. 가까운 곳에 자식들이 있으면 특정한 해충이나 균들의 침입을 받기 쉬우며 그렇게 되면 그 대가족은 몰살되기 때문이다. 아기들이 땅속에서 쉬다가 봄이 되면 태어나 자라서 청년이 되고 혼인을 하고 다시 아기들을 키우고 하는 일들이 반복되어야 한다. 그렇게 되면 씨앗은 다시 씨앗이 되는 것이다.

열매 안에는 식물의 아기인 씨앗이 있다. 이제 식물은 자기의 사명을 어느 정도 완수했다. 자기 안의 가능성이 꽃으로 피고 힘든 과정을 거쳐서 열매로 만들어졌다. 이 열매는 어미 식물의 월계관이다. 식물은 열매가 늦는다고 안달하지 않는다. 중간에 문제가 생겨도 참고 인내해 왔다. 결실이 되어갈 무렵 폭풍이 덜 여문 열매를 떨굴 수도 있지만, 그래도 불평하지 않고 나머지 열매들을 잘 키워내었다. 식물의 열매들은 종류에 따라 세상에 선을 보이는 시기가 다 다르며 식물들은 이때까지 묵묵히 기다린다.

씨앗에는 아주 작은 배胚가 숨어 있다. 새싹과 뿌리로 발달하게 될

---

* 동물들도 그렇기는 하다. 동물들도 인간보다 새끼들을 일찍 떼어 놓는다.

배는 세상에 나가 어미식물과 멀리 떨어진 곳에서 자라게 된다. 씨앗은 단단하고 무겁다. 씨앗의 벽은 튼튼하고 저항력이 강해서 외부의 위협으로부터 배를 보호해 준다. 씨앗의 바깥 부분은 씨앗을 보호하는 화학물질로 코팅되어 있다. 씨앗 내부는 식량이 잔뜩 저장되어 있어 무거울 수밖에 없다.

씨앗이 무겁다는 것은 멀리 퍼뜨리기 힘들다는 것을 의미한다. 식물은 이 열매와 씨앗을 될 수 있으면 더 안전하게 더 멀리 퍼뜨려야 한다. 그런데 씨앗을 새로운 장소로 옮기는 일은 이동할 수 없는 식물에게는 힘든 일이다. 식물은 어떤 방법으로 이 임무를 수행할까?

몇 해 전 제주도 야산에 들어갔다가 가시 같은 따가운 것들이 옷에 온통 달라붙었다. 니트로 된 겉옷에 단단히 박힌 것이다. 나중에 하나씩 떼어내는데 도통 잘 떨어지지도 않고 손이 아파서 애를 먹었다. 알고 보니 그 식물은 나를 씨앗배달부로 활용하려고 했던 것이다. 따가운 가시들을 겨우 제거하기는 했지만, 그들 중 일부는 옷 속에 단단히 박혀서 비행기를 타고 서울까지 왔을 것이다. 지금 어디에선가 마음에 드는 적당한 곳에 안착하여 뿌리를 박고, 씨앗배달부인 나를 기억하며 제법 자라있을지도 모른다.

혼인의 중매쟁이로 다양한 생물들을 활용하는 것처럼 식물은 자식들의 성인식에도 많은 종들을 불러 모은다.[164] 많이 사용하는 방법은 검증된 동물배달부를 활용하는 것이다. 씨앗이 무거우므로 포유류와 조류가 주로 배달을 하게 된다. 식물은 이렇게 배달을 맡은 동물들에게 그 대가로 만찬을 준비하는데, 종자를 감싸고 있는 열매가 그것이다.

다양한 배달부들의 입맛에 맞아야 하므로 각각 색깔이나 향기, 맛에 신경 써서 각종 열매들을 만들어 낸다. 그 열매 안에는 씨앗이 숨어 있다. 씨앗배달부들은 다양한데, 새, 원숭이, 박쥐, 설치류, 포유류, 영장류, 파충류, 개미 등이다. 거기다가 종잡을 수 없는 바람과 물도 합세해서 성인식을 돕는다.

식물의 아기들은 이 다양한 배달부들에게 실려서 부모와는 아주 멀리 떨어진 곳에서 어른으로서의 삶을 시작해야 한다. 이 과정이 얼마나 힘든지 모른다. 신화에 나오는 영웅들의 위대한 모험 이상이다. 먼저 아기들은 각 배달부들에 의해 넓은 세상으로 첫 발을 내디딘다.

날아다니는 새들은 중요한 종자 배달부이다. 씨앗들은 새들을 타고 멀리까지 비행한다. 새를 활용하는 가장 일반적이고 중요한 방식은 새의 장기 안으로 들어가는 것이다. 식물의 종자에게는 그곳이 비행기 일등석인 모양이다. 장기 안으로 들어간 종자들은 아주 긴 비행을 할 수 있다. 새는 종자를 삼킨 후 전혀 새로운 곳에 가서 배설해 놓는다. 큰 새들은 커다란 열매를 삼키는데 그 중 일부만 소화된다.

박쥐도 성인식을 돕는다. 박쥐는 자신의 안전한 보금자리로 열매를 가져온다. 커다란 씨앗이 있는 열매는 과육만 먹고 씨앗은 버리고, 여러 개의 작은 씨앗이 들어 있는 열매는 일부는 뱉고 일부만 먹는다. 이렇게 먹힌 씨앗들은 박쥐의 내장을 거쳐서 무사히 배설된다.

각종 동물들의 몸속을 통과해야 하니 종자들의 고생이 말이 아니다. 대부분의 동물들은 과육과 함께 식물의 아기들을 먹어버린다. 그들의 몸속에서 아기들은 죽기도 하고 배설물과 함께 무사히 세상에 나오기도 한다. 마치 물고기 뱃속에 들어갔다 나온 피노키오와 성경의 요나의 모험을 연상시킨다. 하지만 먹혔다가 배설된 종자의 경우 싹트는 데는 더 유리하다고 하니 시련에는 보상도 따른다고 할 것이다. 코끼리의 엄청난 이빨이 마룰라나무 열매 씨앗에 박히면 목질의 마개가 느슨해진다. 그러면 씨앗은 수분을 흡수하여 발아하기 쉬워진다. 곰이 먹는 체리에서부터 갈라파고스 거북이 즐기는 백년초까지 모든 식물은 동물의 소화기관을 거치면서 발아가 촉진되는 효과가 있다.

어떤 배달부들은 씨앗을 저장하기도 한다. 비둘기, 어치, 떼까마귀, 설치류 등은 약간의 종자를 땅에 숨겨둔다. 도토리를 좋아하는 다람쥐는 추운 겨울에 먹으려고 도토리를 땅에 묻어 두는데, 대개 네 번째 저장 장소는 잊어버린다고 한다. 이들이 아기들을 땅에 잘 심어주었으니 이제 잊어버리기만 하면 된다. 아기들은 땅속에서 안전하게 자라난다. 이 아기들은 비교적 고생이 덜하다. 소나무, 너도밤나무, 참나무 등이 이렇게 싹을 틔운다.

개미들의 운반방식은 특이하다. 지방산, 아미노산, 설탕 등이 풍부한 종자를 개미는 좋아한다. 개미는 땅속 자기 집으로 종자를 끙끙 운반하여 먹이부분을 잘라서 애벌레에게 준다. 그리고는 나머지 부분은 자기 집의 쓰레기장에 내다 버린다. 씨앗은 환경 좋은 그곳에서 싹이 튼다.

씨앗 중에는 동물들을 교통수단으로 활용하여 여행하는 것들도 있다. 진흙 속에 숨어 있다가 새의 발이나 깃털에 얼른 올라타는 놈들이 있다. 끈끈한 점액을 만들어 풀을 뜯어먹는 포유류에 달라붙거나, 갈고리나 가시로 달라붙기도 한다. 갈고리나 가시를 가진 씨앗을 배달하게 되는 상대는 운이 나쁘다. 이들은 자신의 운명을 탓하며 엉덩이나 팔뚝이 따가운 고통을 참고 투덜거리며 씨앗을 운반해야 한다. 이들이 아픈 가시를 뽑아내 버리는 과정을 통해 씨앗은 멀리까지 간다.

미지 세계로의 항해

식물의 입장에서는 아기인 씨앗이 퍼지는 순간이 이동할 수 있는 절호의 기회라고 할 것이다. 식물의 아기들은 바람이나 물을 타고 멀리멀리 이동하기도 한다.[165] 바람을 타고 날려면 깃털이 있어야 한다. 깃털이 있는 종자나 열매는 잔털이 뒤엉켜 낙하산처럼 되어 공중에 떠 있을 수 있다. 이 깃털들도 가지각색이다. 민들레의 종자열매는 바람이 살짝만 불어도 아주 멀리 날아간다. 단풍의 열매는 헬리콥터 날개처럼 빙빙 돌면서 바람에 실려 더 멀리 갈 수 있다. 동남아시아 열대림에 사는 덩굴성 호리병박의 날개 달린 씨앗들은 얇고 투명한 날개로 글라이더처럼 나는데, 그 날개 직경이 무려 12센티미터나 된다고 한다.

물속에서 이동하려면 씨앗 속에 코르크질이나 공기를 가지고 있어야 한다. 코코넛 종자는 물에 뜨는 섬유성 겉껍질로 둘러싸인 딱딱한 속껍질 안에 들어 있다. 물속에서 이동하는 씨앗들은 폭우를 타고 아주 멀리까지 갈 수 있다. 때로는 바다 속으로 들어가 해류를 따라 엄청난 거리를 항해하기도 한다. 물에 뜨는 종자 중에는 몇 달에서 몇 년까지 바다에서 살아남는 것들도 있다. 멕시코 만류는 식물의 종자를 유럽이나 극지방 해안까지 옮겨준다. 씨앗의 여행길은 굉장히 길고 험난하지만 그만큼 더 멋진 새로운 세상으로 나간다.

식물들은 대륙과 대륙 사이, 혹은 대륙을 가로질러 생태계 전역을 순환한다. 식물이 인간의 도움 없이 씨앗을 퍼뜨릴 수 있는 거리는 최대 2,400킬로미터나 된다고 한다. 식물들은 생태계 전역에 자리 잡고 그들만의 특정한 역할을 해낸다. 그들이 괜히 지구에서 공간을 차지하는 것이 아니다.

바람과 물을 타고 세상 끝까지 이동하는 식물은 인간의 모습과 닮았다. 식물들은 지구 전체에 퍼져 더 넓은 땅을 차지하기를 바라왔다. 인간이 내륙 바깥의 세상에 호기심을 가지고 온갖 위험을 무릅쓰고 망망한 대양으로 뻗어나간 것은 어쩌면 식물을 닮아서였을지 모른다. 지구가 평평하기 때문에 지구 끝에 이르면 밑으로 떨어져 죽을 거라는 오랜 믿음에도 불구하고, 자신의 목숨을 담보로 지구 끝에 도달한 탐험가들이 있다. 그들의 삶은 식물 종자의 길고 험난한 여정과도 같았을 것이다.

인류는 오래전부터 바깥 세계를 동경했으며 바다로 항해했다. 지구의 뭍과 물을 모두 섭렵한 이후에는 지구 밖 우주세상을 궁금해 하기 시작했다. 그래서 그 항해는 우주로 이어졌다. 마치 삼색제비꽃이나 봉숭아가 폭발로 씨앗을 밖으로 확 튕겨 내보내는 것처럼 인류 또한 로켓을 우주로 쏘아 올렸다.

움직일 수 없는 식물들도 여행을 꿈꾼다. 더 넓은 세상으로 비상하고 싶어 한다. 특히 자식들을 '글로벌하게' 키우고 싶어 한다. 그래서 갖은 방법을 다 고안하여 자식들을 어떻게든 먼 곳으로 보낸다. 사자나 독수리가 자식을 절벽에서 떨어뜨리는 것 이상으로, 식물도 아기들을 목숨을 건 예측할 수 없는 시련의 길로 내보낸다. 그 길은 죽음으로 끝날 수도 있는, 신화 속 헤라클레스 이야기보다 몇 갑절 험난한 모험의 길이다. 식물은 아기들의 안전은 하늘의 운명에 맡긴 채, 아기들이 영웅으로 자리 잡을 수 있도록 다양한 전략을 세워둔다.

더 넓은 세계로 향하는 인간의 열정은 동물이 아니라 식물을 닮아 있다. 동물들은 자신의 영역 안에서 영역을 지키며 살려는 경향이 강하다. 하늘을 나는 철새들이 지구를 한 바퀴 도는 것 같지만, 실은 먼 옛날부터 그들의 조상들이 기거했거나 거쳐 갔던 지역을 잊지 않고 대를 이어 정확히 순례한다. 폭포를 거슬러 강 상류에 이르는 연어들은 자신들이 태어난 곳에 도착하여 알을 낳고 생을 마감한다. 동물들에게는 이러한 '귀소본능'이 있다. 인간으로 치면 귀향이라고 할까? 하지만 식물은 그렇지 않다. 바깥세상으로 향하는 인간의 끝없는 호기심은 식물에게서 온 것일까? 죽을지도 모르는 위험을 무릅쓰고 미지의 세계로 들어가는 인간의 용기는 식물을 닮은 것인지 모른다.

연금술사

산이나 들판에 가서 수직으로 우뚝우뚝 솟은 나무들을 보면 신성함까지도 느끼게 된다. 베토벤은 평생 숲을 사랑했다. 그의 육필원고에는 나무와 숲에 대한 경이가 나타나 있다.[166] "시골에 있으면 마치 나무 한 그루 한 그루가 내게 말을 거는 것 같다. '신성하다! 신성하다!'라고. 숲 속에는 마법이 있다. 누가 그런 것을 모두 표현할 수 있을까?" 인간도 나무처럼 똑바로 서려고 애쓴다. 인생에 다가오는 갖가지 시련들 속에서 주저앉지 않으려는 인간은 나무 끝을 응시한다.

나무들은 혼자 우뚝이 서 있다. 인간 또한 홀로 서야 하는 존재이다. 바람 부는 들판에 서서 비와 바람과 눈과 서리를 다 맞아내야만 한다. 자신의 운명 앞에 홀로 서야 한다. 나무는 숲으로, 인간은 사회로, 서로 무리를 짓기는 하지만 각자는 고립해야 살아낼 수 있다.[167] 주저앉을 수밖에 없는 갖가지 시련의 와중에서 끝끝내 일어서고 싶은 간절한 인간의 염원이 수직으로 서 있는 나무들을 칭송하게 만든 것이 아닐까?

파브르 돌리베^{Antoine Fabre d'Olivet}는 『인류의 역사』에서 "사람은 생각을 품은 식물이다. 장미나무가 장미를 품고, 사과나무가 사과를 품는 것처럼"이라 하였고, 인간을 다음과 같이 규정했다.[168] "사람은 의심할 것 없이 능력 있는 존재이다. 그러나 씨앗의 능력으로서 말이다. 자신의 특성을 실현하고 자신의 운명이 부르는 높이에 도달하기 위해서, 그는 외적인 행동으로 내적인 행동에 전력을 기울이려는 욕구를 가진다. 대지에 박힌 뿌리가 초보적인 힘을 빨아올려서 특별한 노동으로 그것을 정성스럽게 가꾸는, 인간은 천상의 나무이다." [169]

인간도 씨앗의 능력, 씨앗의 가능성을 가진다. 이 가능성이 열매가 되어 다시금 씨앗을 남기려면 땅을 헤치고 나오는 용기, 하늘의 이상과 땅의 현실을 하나로 모으는 부지런함, 바깥과 내부의 적을 물리치는 지혜, 스승에게서 다른 세상을 보는 기쁨, 옹골차게 힘을 모아 열매와 씨앗을 기르는 노력, 그리고 만들어진 씨앗을 멀리멀리 내보내는 결단이 따른다.

산티아고는 보물을 찾는 여정에서 연금술사를 만나 동행하다가 사막에서 병사들에게 잡혀 생명의 위협에 처한다. 목숨을 건질 유일한 방법은 잠시라도 그가 바람으로 변하는 것이었다. 이것은 꿈을 찾는 산티아고 앞에 남겨진 '가혹한 시련'이었다. 실패할 수 있다는 두려움을 가까스로 물리치고 산티아고는 사막과 태양과 바람과 이야기를 나눈다.

보물을 찾는 과정에서 그가 대지의 언어를 알게 되었기 때문이다. 그것은 바로 모든 만물이 서로를 바라보며 각각의 생명이 아님을 깨닫는 '하나의 언어'로서의 '사랑'이다. 산티아고는 바람을 설득하기 시작한다. 결국 바람의 도움으로 그는 바람으로 변하고 마침내는 영혼의 연금술사가 된다. 보물을 찾는 꿈도 이룬다. 씨앗으로서의 그의 꿈은 현실이 되어 그의 앞에 나타난다.

씨앗이 씨앗을 다시 만드는 것은 생물학적으로는 자손의 증식이지만 인문학적으로는 꿈의 전달과 전파이다. 이 꿈은 무엇일까? 바로 공감과 연민과 그에 따르는 배려이다. 유학이 중시하는 인仁은 사람다움이고 사랑이고 씨앗이다. 행인杏仁은 살구씨앗이고 도인桃仁은 복숭아 씨앗이다. 이 씨앗들이 싹이 트면 수많은 생명체를 먹이고 기쁨을 주는 것처럼 인간이 마음속에 지닌 인仁도 열매를 맺으면 모두에게 행복을 준다.

씨앗들은 자연의 순환을 거쳐 다시 씨앗이 되는데 그 과정에서 모든 생명체와 하나가 되는 경험을 한다. 씨앗으로 우리는 지구상의 모든 존재와 하나가 된다. 사랑으로 우리는 사람다워지고 우주의 모든 존재와 하나가 될 수 있다. 각각의 종교와 사상이 서로 분리되었고 다르다는 것은 초보적인 믿음이다. 우리는 생명을 만물에게 빚지고 산다. 그리고 또 만물은 서로 기대어 산다.

씨앗은 생명이고 가능성이다. 식물은 씨앗 만들기를 쉴 새 없이 끝없이 반복하고 있다. 우리는 어떤가? 모두가 하나라는 생각, 그래서 서로를 다독일 수밖에 없다는 연민이 우리 속의 씨앗이다. 이것이 문전자, 밈meme이 되어 세대에서 세대로 전달될 터이다. 그리스도교에서는 한 알의 밀알의 중요성을 말한다. "한 알의 밀이 땅에 떨어져……죽으면 많은 열매를 맺느니라."요한복음12:24 땅에서 썩어져 싹을 틔우는 씨앗은 외롭다. 하지만 바로 이 밀알의 가능성이 온 지구를 살린다.

고고하게,
아름답게

그대의 삶은 그대만의 것이다

누구도 흉내낼 수 없는 인생

그대만의 삶을 살라

고고하게 살라

누구에게도 기죽지 말고

누구에게도 기대지 말고

누구를 흉내내지도 말고

누구보다 당당하게

누구보다 아름답게

영화 〈불멸의 연인[1995]〉은 악성 베토벤의 사랑과 인생을 담았다. 베토벤의 죽음과 장례식 장면에서 시작되는 이 영화는 그의 친구이자 비서였던 쉰들러가 베토벤의 유언에 따라 그의 연인을 찾아 나서는 것으로 전개된다. 단서라곤 베토벤의 서랍에서 발견된 불멸의 연인에게 보내는 애틋한 편지들뿐이다.* 천신만고 끝에 영화 속 쉰들러가 찾아낸 '불멸의 연인'은 교향곡 〈합창〉을 통해 베토벤과 화해하며, 수십 년 전의 오해에서 벗어나 그를 용서한다. 영화와는 달리 그의 불멸의 연인이 누구였는가는 분명히 밝혀져 있지 않다. 그의 생애에서 가까이 지냈던 몇몇 여성들이 치열하게 거론될 뿐이다.

여느 예술과 마찬가지로 음악 또한 작곡자의 모든 것을 보여준다. 베토벤의 음악들은 우리가 삶에서 겪어내는 모든 것, 환희와 희망과 놀라움과 비통함과 상실과 기쁨 등을 그대로 녹여낸다. 그는 궁정이나 교회에 소속되지 않은 고고하고 자유로운 최초의 음악가였다. 귀족들의 후원을 받기는 했지만 그에 휘둘리지 않고 자신의 독립성을 지키며 능동적 주체로서 살았다. 하지만 천재 음악가인 그에게 20대의 젊은 나이에 찾아온 비운은 감당하기 힘든 것이었다. 장애와 맞선 그의 인내는 우리를 먹먹하게 한다.

병이 악화된 32세 때 동생들 앞으로 쓴 유서에는 절절한 아픔이 묻어난다. 스스로 생을 마치고 싶은 끝도 없는 절망을 이길 수 있었던 것은 예술을 향한 그의 열정과 소명의식이었다. 자기 안의 영감, 자기

---

* 이 편지들은 현재 베를린 국립도서관에 소장되어 있다.

안의 음악을 모두 퍼 올리기 전에는 그는 죽을 수 없었다. 불쌍하고 고통 받는 사람들에게 자신의 예술이 희망이 되고자 했던 봉사에의 열망은, 덕성과 인내가 되어 그를 끝까지 지탱시켜 주었다.

그것은 그가 죽음에의 유혹을 이기게 해주는 생의 절절한 힘이었다. 게다가 그는 숲과 나무를 신성함으로 사랑했다. 장애로 인해 사교성이 떨어지고 사랑했던 여인들에게는 거부당했으며 자신의 혈육인 조카 칼Karl에게까지 외면당했지만, 음악과 자연은 그를 고고하게 살게 해준 원천이었다. 그의 음악이 깊고 우아하며 내면을 울리는 인간적 성스러움을 지닌 것은 이러한 그의 삶이 녹아 있기 때문일 것이다.

우리 평범한 이들이 예술가의 치열한 삶을 흉내 낼 순 없다. 하지만 우리 각자의 내면에는 뜨거운 불씨가 있다. 신화 속 프로메테우스 Prometheus가 불을 훔쳐내어 개개인에게 골고루 나누어 준 것일까?[170] 각자의 마음을 들여다보면 어느 순간 그 불씨가 '탁!' 하고 발화의 소리를 내는 시점이 있다.

이 불씨는 사랑이기도 하고 삶의 열정이기도 하다. 그건 사람마다 다 다르다. 우리 각자는 개성을 지닌 각각의 영혼이므로. 중요한 건 이 소리에 귀를 기울일 수 있어야 한다는 것이다. 아주 어린 시절에 이 발화시각을 느끼는 이도 있고 황혼을 앞두고야 이 소리를 듣는 사람도 있겠지만 말이다.

이 발화의 순간은 씨앗이 '탁!' 하고 대지의 표면을 뚫고 나오는 그 순간이다. 작고 여린 연두색의 이파리가 가물거릴 때, 잘 보이지 않아서, '이게 뭐지?' 하고 살펴보아야 할, 바로 그 때이다. 이 싹을 경이롭게 여기고 계속 이 싹에 관심을 기울이자. 그렇게 하면 이 싹은 떡잎이 되고 무성한 가지를 키우고 꽃을 피우고 열매를 맺는다.

식물은 싹을 틔울 때 바깥세상을 두려워하지 않는다. 식물은 떡잎을 키울 때 그저 자기 본성을 키운다. 자기 삶을 산다. 과정은 험난하고 끊임없는 공격과 습격을 받지만 말이다. 때로는 어렵사리 키워낸 눈을 떨구어야 하기도 하고 사랑을 위해 피운 꽃을 그대로 시들려야 하는 아픔의 시간도 참아내고 말이다. 조금만 있으면 다 키울 열매가 태풍에 떨어져 나가는 순간에도 식물은 결코 후회하지 않는다. 왜 내가 싹을 냈으며 가지를 키웠으며 꽃을 피우고 열매를 키웠는지 속상해 하지 않는다.

그저 고고하게 묵묵히 살고 있을 뿐이다. 그저 당당하게 자기를 산다. 그래서 식물은 제각각 아름답다. 곤충에 갉힌 이파리도 예쁘고 바람에 꺾인 가지도 멋있다. 바람에 우수수 흩어져 날리는 꽃잎도 신비롭고 덜 익은 풋열매도 사랑스럽다. 생명이기에, 생명이 지닌 모든 속성과 생명이 겪는 모든 사건을 안고 꼿꼿이 살아가는 식물은 아름답다.

우리는 '아름다운 삶'을 이야기한다. 그런 삶을 동경한다. '진리의 삶'이나 '착한 인생' 같은 것보다 아름다움을 선호한다. 그래서 미를 창조하는 예술가들을 동경하고 아름다운 사람을 좋아하는가 보다. 왜 그럴까? 아마도 '아름다운 삶'은 진리와 선함과 성스러움을 모두 다 포함해서 그런 것이 아닐까? 진리의 삶, 착한 인생, 성스러운 삶 등은 어느 한쪽에 치우칠 수 있지만 '아름다운 인생'은 이 모든 것들을 아울러 내는 것이 아닐까?

　지금 집 밖으로 나가서 나무를 보라. 작은 풀들, 발에 순순히 밟히는 잡초들을 보라. 그리고 그들에게 말을 걸어보자. 나무둥치의 까진 껍질은 어떻게 생겼는지, 누렇게 뜬 이파리는 왜 그런지, 밟혀서 누워버린 잡초의 기분은 어떤지, 뜰의 조경을 위해 형제인 가지들을 잃은 식물의 심정은 어떤지. 아마도 그들은 이렇게 대답할 것이다. 이것이 삶이라고. 살아있음에 생기는 일들이니까 아무것도 아니고, 흔히 있는 일이라고. 용서가 그들에게 특별한 일이 아니고 자신을 주는 것 또한 일상일 뿐이다. 그들의 열매와 꽃을 고마워하는 이가 없어도, 그들의 존재를 무심히 지나쳐도, 그들은 상관하지 않는다. 식물은 고고하다. 당당하다. 그들이 그저 부러울 따름이다.

고고하게 아름답게

고고한 식물은 사랑스럽다

당당하게 혼자서 가라

외로워하지 말고 혼자서 가라

가다보면 그대 주위에 그대 같은 자들을 보게 된다

그들과 함께, 혼자, 당당히 가라

나누어줄 것을 늘 가지고 있는 식물은 자애롭다

사랑은 영혼에 대한 연민이다

만물에 대한 연민이고 한 사람에 대한 연민이다

연민은 영혼의 깊은 잠을 깨운다

자기 생을 화려하게 완수하고 지는 꽃잎은 장엄하다

하늘로 머리를 두고 땅으로 발을 두는 나무는 당당하다

바람 불면 눕는 풀은 지혜롭다

아파도 참는 가지는 기특하다

지원군을 부르는 이파리는 현명하다

인간을 매혹하는 꽃은 신비하다

끝을 모르는 모험을 떠나는 씨앗은 용감하다

세상의 모든 것을 변화시키는 힘은 경이롭다

당신도 그렇게 살라
사랑스럽고 신비하게
당당하고 경이롭게
용감하고 현명하게
지혜롭고 자애롭게 말이다

식물처럼 꿋꿋한 장수를 원한다면
당신의 삶의 틀을 바꾸라
이제 숲을 보고 뜰을 보자
도시의 보도블럭 틈새를 보자
그곳에서 식물들은 우리에게 말한다
'고고하게 아름답게' 살라고 말이다

식물처럼 살기 11계명

1계명 길가의 풀들에게 시선주고 귀 기울이기

2계명 신성한 나무, 고귀한 꽃과 희망과 감동 나누기

3계명 생명의 근원인 나무처럼 아낌없이 주기

4계명 꽃처럼 유혹하고 보답하며 살아남기

5계명 치밀한 전략전술로 전장에서 이기기

6계명 다른 생명들과 욕망 나누고 도우며 어울려 살기

7계명 환경에 자유자재로 적응하고 시련 속에서 인내하고 변신하기

8계명 하늘을 동경하고 땅에 굳건히 터 잡기

9계명 순응하고 자족하며 찰나와 영원을 살기

10계명 모험을 두려워 않고 적절한 때에 가능성의 씨앗을 싹틔워 기우기

11계명 영혼을 발화하여 당당하고 아름답게 살기

미주

1. 원작인 톨킨의 소설에는 〈2부: 두 개의 탑〉의 적지 않은 분량이 엔트들의 이야기로 채워져 있다. 오크의 추적을 피해 팡고른 숲으로 들어간 메리와 피핀이 우연히 엔트족의 족장 팡고른(나무수염)을 만나게 되는 기이한 장면에서부터 그의 집으로 들어가 함께 식사를 하고 잠자는 환상적인 부분들, 외부세계 소식을 들은 나무수염이 엔트뭇(엔트들의 회의)을 소집하여 2박 3일간 회의하는 모습, 그리고 엔트들과 후오른(나무화된 엔트)들이 사루만을 섬멸하러 행군하는 장면까지 나무와 숲의 이야기가 흥미롭고 환상적으로 전개된다.

영화에서 우리가 보는 장면은 사루만에 대한 그들의 원시적이고 무자비한 반격이지만, 원작에는 전장에 나가는 그들의 주도면밀함, 마법사 간달프와의 모의, 전장에서의 조직적이고 치밀한 갖가지 전략이 상술되어 있다. 엔트들과 후오른들은 성문을 부수고 성벽을 파들어가고 기둥들을 부수었을 뿐 아니라, 밤새 거대한 구덩이를 파서 웅덩이와 제방을 만들고 강의 물줄기와 샘, 시내를 모두 끌어모았던 것이다. 우리가 영화에서 보는 그 통쾌한 폭포줄기의 장면은 이러한 치밀한 전략과 노력의 결과였다.

J.R.R.Tolkin, 김번·김보원·이미애 옮김, 『반지의 제왕, 2부: 두 개의 탑 (상)』, 씨앗을 뿌리는 사람들, 2003. 제4장 나무수염(90–130쪽), 제8장 아이센가드로 가는 길(219–244쪽), 제9장 수공(水攻)의 부유물(245–271쪽), 제10장 사루만의 목소리(272–291쪽).

2. 에릭 카츠는 절대반지의 유혹 앞에 선 『반지의 제왕』 등장인물들의 반응을 분석했다. 골룸, 보로미르, 프로도, 갈라드리엘, 톰 봄바딜, 샘의 결정과 행동들이다. 그는 샘이 프로도를 보호하는 중심 역할을 잘 수행할 수 있었던 것은, 그가 자신이 가꾸던 고향의 정원으로 돌아가려 했던 소박한 마음이었다고 분

석하고 있다.

에릭 카츠, 「톨킨의 반지들과 플라톤: 힘, 선택, 그리고 도덕성에 관한 교훈들」 그레고리 베스햄 외, 『철학으로 반지의 제왕 읽기』 이룸, 2003, 36–40쪽.

3. 『반지의 제왕, 3부: 왕의 귀환(하)』, 제9장 회색항구, 203–205쪽.

4. 『반지의 제왕, 3부: 왕의 귀환(하)』, 제5장 섭정과 왕, 118–125쪽.

5. 자크 브로스 지음, 주향은 옮김, 『나무의 신화(Mythologie des arbes)』, 제1장 대지의 한가운데서, 이학사, 1998. 13–24쪽. 안인희, 『안인희의 북유럽신화2』, 웅진지식하우스, 2007, 20–23쪽.

6. 불교의 초기 판본들과 오래된 불교 유적들에는 깨달음의 상징으로 인물 붓다가 아닌 보리수가 나타난다. 『나무의 신화』, 72쪽.

7. 조지프 캠벨, 정영목 옮김, 『신의 가면Ⅲ, 서양신화』, 까치, 18–23쪽. 김산해, 『최초의 신화 길가메쉬 서사시』, 휴머니스트, 2005, 312쪽 사진 참조. 이 사진에는 아담과 이브로 추정되는 원통형 인장을 굴려 찍은 점토판이 있다.

8. 로베르 뒤마 저, 송혁석 역, 『나무의 철학: 서양철학에 관한 에세이』, 동문선, 2004, 35–37쪽.

9. 아폴론은 월계수 나뭇가지로 왕관을 만들었는데 그것이 최초의 월계수 왕관이다. 자크 브로스는 이 사건을 다음과 같이 평가했다. "월계수 나무의 제의는 인간들에게 엄격히 금지되어 있었다. 아폴론은 다프네를 자기 여자로 만드는데 성공하지 못했고 기껏해야 그녀를 자신의 제의에서 신탁을 내리는 나무로 제정했다." 『나무의 철학』, 254–255쪽.

장영란의 해석은 좀 다르다. "아폴론이 사랑한 사람들은 대부분 비극적 운명을 맞는다. 월계수를 의미하는 다프네가 아폴론의 사랑을 거부하고 나무로 변한 이야기는 유명하나. 아폴론의 월계수는 승리를 통해 얻는 불멸성을 상징한다. 지혜와 용기가 없다면 진정한 승리를 얻을 수 없기 때문에 월계관은 영웅들이나 현자들에게 주로 씌워졌다." 장영란, 『장영란의 그리스신화』, 살림, 2005, 123쪽.

10. 고대인들에게 오래되고 거대한 참나무는 그 자체로 우주의 축소판, 소우주였다. 거기에는 육안으로는 볼 수 없는 요정들과 신성이 깃든 수많은 동물들이 살아간다고 여겼다. 크레타인들에게 제우스는 식물의 신이었다. 그는 매년 태어나고 죽는 것을 반복하는데, 봄의 부활이 시작되기 바로 전인 늦은 겨울이 되어서야 이파리를 떨구는 참나무의 신이었다. 참나무는 이탈리아에서도 그리스만큼이나 숭배되었다. 로마에서 유피테르의 오래된 신전은 참나무로 뒤덮여 있었고 로마인들은 거대한 참나무들을 '세계의 기원과 때를 같이 하는' '거의 불멸의 나무'로 생각했다.

『나무의 신화』, 제3장 신탁을 내리는 참나무, 86–134쪽.

11. 대홍수를 언급하는 창세기의 여러 장에서 올리브나무가 최초로 언급되는데, 홍수 이후 노아가 배에서 날려 보낸 비둘기가 금방 딴 올리브 이파리를 물고 돌아오는 장면이다. 이는 신의 분노가 가라앉고 물이 빠져 식물이 푸른색을 띠기 시작했음을 보여준다. 헤브루인들에게 원래부터 올리브나무는 야훼의 가장 귀중한 선물의 하나였다.

올리브기름은 봉헌예식에 사용되었으며, 프랑스 대관식에서 왕은 천사나 비둘기가 가져왔다는 '성유 그릇'의 기름으로 도유(塗油)를 받는다. 이 도유행사에 사용되는 성유는 올리브기름으로 만들어진 것이다. 성유는 세례식과 견진성사에 쓰였고 종부성사와 사제서품식, 주교축성식에서 중요한 역할을 했다. 이슬람문화권에서도 올리브나무는 세계의 중심이자 기둥인 가장 대표적인 우주목으로서, 신자들의 아버지요, 유대인들과 그리스도인들과 이슬람인들의 공동조상인 아브라함을 상징한다. 올리브나무는 선택된 자들의 낙원이 있는 하늘에까지 뻗어있다고 여겨졌다.

『나무의 신화』, 제8장 열매, 신화, 그리고 역사, 335–350쪽.

12. 스티븐 부크먼(Stephen Buchmann), 박인용 역, 『꽃을 읽다 (The Reason for flowers)』, 반니, 2016, 154쪽, 122–124쪽.

13. 『신의 가면Ⅲ, 서양신화』, 34쪽 (그림10: 티폰과 싸우는 제우스) 참조. 이 그림의 제 우스의 창은 연꽃 형상으로 되어 있다.

Alexander Eliot, *The Universal Myths: heroes, gods, tricksters and others*, A Meridian Book, 1976, 5쪽. 16-17쪽. 이 책에도 동일한 그림이 있다. 또 '벼락과 연꽃'이라는 그림을 소개하였는데 벼락을 연꽃으로 형상화하였다. 이 그림은 B.C.350-270년 경 그리스의 금화에 새겨진 문양의 일부이다.

동서양 종교들의 연꽃에 관해서는 다음을 참조할 것. 자크 브로스(Jacques Brosse), 양영란 역, 『식물의 역사와 신화(*La Magie Des Plantes*)』, 갈라파고스, 2005. 283-285쪽. 『꽃을 읽다』, 155-157쪽.

14. 마이클 폴란(Michael Pollan), 이경식 역, 『욕망하는 식물(*The Botany of Desire*)』, 황 소자리, 2007. 156-158쪽.

15. 『욕망하는 식물』, 187-190쪽, 132-133쪽.

16. 졸리(C. Jolly)는 초본식물 종자를 전문적으로 먹는 식성이 그 주요한 추진력이 되었다고 제안한 바 있다. 라미피테쿠스 시대까지 거슬러 올라가는 선인종(先 人種, pre-man)은 낟알을 먹고살던 가장 큰 영장류였기 때문에 손의 크기에 비 해 대단히 작은 물체를 다루는 능력이 큰 점이 이점이 되었다. 간단히 말해 서, 사람은 낟알을 줍기 위해 두 발로 서게 된 것이다.

에드워드 윌슨, 이병훈·박시룡 옮김, 『사회생물학Ⅱ』, 민음사, 1992, 699쪽.

17. 베르나르 베르베르, 이세욱 옮김, 『나무』, 열린책들, 2008.

18. 쉘 실버스타인, 이재명 옮김, 『아낌없이 주는 나무』, 시공주니어, 2000.

19. 라틴어로 arbor라는 단어는 여성성의 흔적을 지닌다. Arbre(나무), n. m. 은 라틴어 arbor, arboris(원시적으로는 arbos)에서 유래하였다. 이것은 나무(arbre) 혹 은 돛대(mat)를 의미하는 예외적인 형태의 여성명사이다. 라틴어로 여성은 '열 매의 생산자로서의 어머니'로 여성화된 것을 말하고 있는데 이것은 범우주적 인 종교적 개념에 연결된 현상이라고 하겠다.

『로베르-프랑스어 역사사전』, 알렝 레이 감수 출판, Laffont, 1998, 185쪽.
『나무의 철학: 서양철학에 관한 에세이』, 43쪽에서 재인용.

20. 마이클 폴란은 채프먼이 가꾸었던 사과 과수원들과 채프먼의 발길을 따라서 미대륙에서 사과가 간 길을 추적한다. 조니 애플시드는 사과 씨를 배에 가득 싣고 사과를 미개척지 곳곳에 퍼뜨렸다. 그는 변경 지역을 개척하며 살았고 채식주의자였으며 말을 타거나 살아있는 나무를 도끼로 찍어내는 일을 잔인하다고 생각한 인물이었다고 한다. 월트 디즈니에서는 1988년에 애니메이션 〈애플시드〉를 제작하여 그를 영웅으로 묘사했다. 『욕망하는 식물』, 43-48쪽의 내용 참조.
존 채프먼의 전기는, Simon & Schuster, *Johnny Appleseed, the Man, the Myth, the American Story*, New York: Howard Means, 2011. 을 참조할 것.

21. 사과나무는 성경 창세기에서 인간을 타락에 이르게 한 생명나무 열매로 추정되기도 한다. 사과나무는 생명도 줄 수 있고 죽음도 줄 수 있는 이중성을 지닌다. 사과나무에 관해서는, 『나무의 신화』, 제8장 열매, 신화, 그리고 역사, 365-375쪽 참조.

22. 스티븐 헤로드 뷔흐너(Stephhen Harrod Buhner), 박윤정 역, 『식물은 위대한 화학자(*The Lost Language of Plants*)』, 양문, 2013. 197-199쪽. 페터 볼레벤(Peter Wohlleben), 장혜경 옮김, 『나무수업, 따로 또 같이 살기를 배우다』, 이마, 2016, 138-143쪽.

23. 『나무수업, 따로 또 같이 살기를 배우다』, 141-143쪽.

24. 『나무수업, 따로 또 같이 살기를 배우다』, 162-166쪽, 169-170쪽.

25. 『나무수업, 따로 또 같이 살기를 배우다』, 144쪽, 171-175쪽.

26. 꿀벌은 나무에서 진액을 채취해 밀랍을 만들고는, 이 밀랍을 벌통 내부에 발라서 각종 감염을 예방한다. 일종의 방어막인 셈이다. 메뚜기나 딱정벌레도 박테리아와 조류, 균류의 감염으로부터 껍질을 보호하기 위해서 식물화합물

을 이용한다. 어떤 곤충들은 진드기에 감염되었을 때 약초를 찾아내서 자신을 훌륭히 치료한다. 인도에 사는 멧돼지는 회충을 예방하려고 털비름 뿌리를 캐어 먹고, 멕시코에 사는 멧돼지는 구충제로 석류뿌리를 이용한다.

그 외에도 개, 코끼리, 암컷 여우원숭이, 침팬지, 긴꼬리미국너구리붙이, 동면에서 깨어난 곰 등은 자신들에게 필요한 식물을 채취해서 용도대로 활용한다. 새들의 둥지에도 식물의 항균물질이 들어간다. 새들은 해충의 침입을 예방하거나 어린 새들의 면역력을 높이기 위해 여러 가지 약초를 가지고 둥지를 짓는다. 찌르레기는 자신과 어린 새끼들의 감염을 예방할 수 있는 휘발성 오일이 풍부하게 들어 있는 식물들을 가져다가 정기적으로 그들의 둥지에 덧댄다. 부패한 고기를 먹는 매와 수리, 부엉이 등 몇몇 맹금류는 항미생물 효과가 강한 식물들로 둥지를 만든다. 많은 새들은 털 속으로 진드기가 침입하는 것을 막기 위해 식물을 이용한다. 『식물은 위대한 화학자』, 271-277쪽.

27. 이 선인장들은 각기 스코테놀이라는 휘발성의 스테로이드성 화합물질을 분비하는데, 초파리들은 이 스코테놀을 가지고 탈피 호르몬을 만든다. 이 호르몬은 초파리들의 생장과 생식에 필수적인 물질이다. Harborne, *Introduction to Ecological Biochemistry*, 109-112쪽. 『식물은 위대한 화학자』 260-262쪽에서 재인용

28. 나방은 돼지풀 같은 식물들로부터 유독성 물질을 채취하여 잘 두었다가 새나 다른 동물들이 잡아먹지 못하도록 방어용으로 쓴다. 북미왕나비들도 박주가리 같은 식물에서 대량의 독을 채취해서 저장하여 새들에게 잡아먹히는 것을 피한다. 나방과 나비 중에 식물 화학물질을 방어용으로 활용하는 것들은 40종이 넘는다. 이런 화학물질이 없으면 나방과 나비는 살아남기 힘들 것이다. Harborne, *Introduction to Ecological Biochemistry*, Chapter 6, 193-204쪽; Clive Jones, et al.,"Diet breadth and Insect chemical defenses: A genaralist grasshopper and general hypothesis," in *Chemical Mediation of Coevolu-*

tion 『식물은 위대한 화학자』, 273쪽에서 재인용. 같은 책, 268쪽 참조

29. 에드워드 윌슨, 안소연 옮김, 『바이오필리아』, 사이언스북스, 2010, 201쪽.
J.H.파브르 지음, 정석형 옮김, 『파브르 식물기』, 두레, 2009, 172쪽. 『식물은
위대한 화학자』, 277쪽.

30. 키나나무에 관해서는 『식물의 역사와 신화』, 247-251쪽 참조.

31. 『바이오필리아』, 201-202쪽.

32. 식물의 독과 그 치료 효과에 관해서는 소어 핸슨(Thor Hanson), 하윤숙 옮김,
『씨앗의 승리(*The Triumph of Seeds*)』, 에이도스, 2016, 259-266쪽 참조.

33. 『식물은 위대한 화학자』, 268-270쪽.

34. 칼라하리 사막 부족과 아프리카 코끼리에 관하여는, 『씨앗의 승리』, 288쪽,
고추에 관하여는 218-220쪽, 커피이야기는 233-242쪽, 카카오와 초컬릿은
81쪽, 코코넛에 관하여는 82-84쪽을 참조.

35. 이 영화의 원작동화는 이 책을 볼 것. 로알드 달 지음, 퀸틴 블레이크 그림,
지혜연 옮김, 『찰리와 초콜릿 공장』, 시공주니어, 2004.

36. 이처럼 여러 개의 종이 서로 영향을 주고받으며 진화하는 것을 공진화(共進化)
라고 하는데 이를 통해 보면 식물들이 수동적인 객체로 존재하는 것이 아니
라 다른 종들을 이용하는 주체로 활약하고 있음을 알 수 있다고 한다. 『욕망
하는 식물』, 18-20쪽.

37. 그 이전에는 꽃을 신성시하였을 뿐 꽃의 생식 기능을 전혀 알지 못하였다. 그
래서 슈프렝겔의 이 발견은 초기에는 많은 사람들의 비난을 받았다. 폴커 아
르츠트(Volker Arzt), 이광일 역, 『식물은 똑똑하다(*Kluge Pflanzen*)』, 들녘, 2013,
242쪽.

38. 『꽃을 읽다』, 24-25쪽. 『욕망하는 식물』, 188-189쪽.

39. 페터 볼레벤은 그의 오랜 경험과 관찰의 결과, 숲에 사는 나무들의 경우는
오히려 바람에 의지한다고 밝혔다. 숲의 나무들은 몇 년 간격을 두고 꽃을

피우는데 그들은 벌과 같은 수분매개 곤충에 그다지 신경을 안 쓴다. 수백 제곱킬로미터의 면적에 수억만 송이의 꽃을 피우기 때문에 오히려 바람에 의지하는 경향이 있다. 바람은 꿀이 없어도 온도가 떨어져도 벌이 활동을 못하는 추운 날씨에도 제 역할을 할 수 있다. 『나무수업, 따로 또 같이 살기를 배우다』, 37-38쪽.

40. 속씨식물과 동물의 상호 관계에 관해서는 『식물은 똑똑하다』, 225-227쪽. 『욕망하는 식물』, 188쪽 참조.

41. 『욕망하는 식물』, 27쪽.

42. 벌과 나비에 관해서는 이상태. 『식물의 역사』, 지오북, 2012, 166-168쪽. 개미, 새, 박쥐, 쥐에 관해서는, 존 도슨(John Dowson), 롭 루카스(Rob Lucas) 저, 홍석표 역, 『식물의 본성(The Nature of Plants)』, 지오북, 2014, 252-253쪽 참조.

43. 무화과나무와 무화과말벌의 관계는 Gary Paul Nabhan, *The Forgotten Pollinators*(Washington, D. C.: Island Press, 1996), 61쪽 참조. 『식물은 위대한 화학자』, 265쪽에서 재인용. 오프리스 난초와 스콜리드 말벌의 관계는 『욕망하는 식물』, 134쪽. 유럽아룸의 수분작전은 『식물은 똑똑하다』, 243-246쪽. 오프리스 난초의 자가수분은 『식물은 똑똑하다』, 248-262쪽 참조.

44. 꽃고비과 식물에 관해서는 『식물의 역사』, 175-176쪽 참조.

45. 『씨앗의 자연사』, 3장 콩들도 하는 일, 섹스, 46-49쪽.

46. Jane B. Reece, Lisa A. Urry, Michael L. Cain, Steven A. Wasserman, 역자 전상학, 『캠벨 생명과학』, 바이오사이언스, 2012, 38장 속씨식물의 생식과 생명공학, 813쪽.

47. 『식물은 똑똑하다』, 237쪽.

48. 『식물의 역사』, 179-180쪽.

49. Harborne, *Introduction to Ecological Biochemistry*, 57쪽. 『식물은 위대한 화학자』 267쪽에서 재인용.

50. 모든 식물이 다 수분매개자에게 보답을 하는 것은 아니다. 식물 중에도 일부 난초과 식물, 천남성과(Araceae), 스타펠리아속(박주가리과) 식물 등 몇몇은 보상 없이 수분매개자를 속이기도 한다.

51. 『욕망하는 식물』, 137-138쪽. 농경에 관해서는 27쪽 참조.

52. 트리버스의 진화론적 게임이론에 따르면, 내가 협동심을 연속적으로 발휘하면 상대도 결국에는 나에게 이익을 주는 협동행위를 하게 되며, 이러한 집단은 다른 집단보다 진화적 적용도가 높아진다고 한다. 최종덕, 「생물학적 이타주의의 가능성」, 『철학연구』 64권, 철학연구회, 2004, 186쪽.

53. 『캠벨 생명과학』, 38장 속씨식물의 생식과 생명공학, 806쪽.

54. 『나무수업, 따로 또 같이 살기를 배우다』, 147-157쪽.

55. 식물들의 다양한 무기에 관해서는 『식물의 본성』 217쪽, 220쪽 참조.

56. 미모사의 잎을 대상으로 한 실험에서 규칙적으로 물방울을 떨어뜨렸는데, 처음에는 잎을 오므렸지만 시간이 흐르면서 물방울이 해가 되지 않음을 알았는지 그 후로는 잎을 오므리지 않았다. 실험이 끝나고 몇 주 후에도 미모사는 그 사실을 잊지 않고 활용하였다.
http://www.news.uwa.edu.au/201401156399/research/move-over-elephants-mimosas-have-memories-too, abgerufen am 08.10.2014.
『나무수업, 따로 또 같이 살기를 배우다』, 70쪽에서 재인용.

57. 『식물의 본성』, 218쪽.

58. 『식물은 똑똑하다』, 144-148쪽.

59. 화학물질을 활용한 다양한 방어 전략은 『캠벨 생명과학』, 39장 내외신호에 대한 식물의 반응, 845쪽. 『식물은 위대한 화학자』, 216-221쪽 참조.

60. Sharon Strauss and Anurag Agarwal, "The ecology and evolution of plant and plant tolerance to herbivory," in *TREE* 14, no.5(May 1999): 179-185쪽. 『식물은 위대한 화학자』 215쪽에서 재인용.

61. 묵자는 하늘의 뜻(天志)을 내세워 전쟁을 반대한 사람이었다.(非攻) 또한 전쟁의 피해를 줄이기 위한 방어술도 많이 개발했다. 묵적 저, 이운구 역, 『묵자 1』, 길, 2012. 윤무학 역, 『묵자 2』, 길, 2015.

62. 『식물은 똑똑하다』, 197–202쪽. Ted Turlings and Betty Benrey, "Effect of plant metabolites on the behavior and development of parasitic wasps," in *Ecoscience* 5, no.3(1998):321–333쪽. 말벌들을 불러들이는 것은, 『식물은 위대한 화학자』, 223쪽에서 재인용. 땅속 선충들과의 동맹은 『식물은 똑똑하다』, 201–213쪽 참조.

63. 사탄개미와 아카시아의 관계는 Brian Hocking, "ant–plant mutualisms," in *Coevolution of animals and Plants*, ed. Lawrence Gilbert and Peter Raven (Austin: University of Texas Press, 1980), 『식물은 위대한 화학자』, 224쪽에서 재인용. 도마티아와 관련한 내용은 『식물의 역사』, 270–272쪽 참조.

64. 『식물의 역사』, 270쪽.

65. 손무, 김원중 역, 『손자병법』, 휴머니스트, 2016.

66. 프랑수아 줄리앙, 이근세 옮김, 『전략, 고대 그리스에서 현대 중국까지』, 교유서가, 2015, 32–37쪽. 저자는 이 책에서 동양의 전략에 관심을 가지고 분석했다.

67. 『식물은 똑똑하다』, 128–131쪽.

68. 『식물은 위대한 화학자』, 222쪽.

69. 나관중 저, 황석영 역, 『삼국지』, 창작과 비평사, 2003.

70. 발아와 결부된 중국의 식물적 사유로 돌아가 보면 어떤 요인이 은밀하게 작동 중인 이 단계는 2월이 될 것이다. 2월은 수액이 뿌리에 있지만 아직 가지에는 도달하지 못하고 싹도 나오지 않을 때이다. 그럼에도 불구하고 발아의 과정은 이미 착수되었고 곧 비약적 성장도 진행될 것이다. 이 단계야말로 진정한 전략적 단계이다. 『전략, 고대 그리스에서 현대 중국까지』, 81쪽.

71. 『식물은 똑똑하다』, 290-291쪽.

72. 『식물은 똑똑하다』, 159-160쪽.

73. 타나토스(Thanatos)는 프로이트의 심리성적 발달이론에서 죽음과 파괴를 지향하는 본능을 지칭하는 개념이며, 에로스(Eros)는 리비도(libido)에너지에 의한 생의 본능을 지칭하는 개념이다. 양돈규, 『심리학사전』, 박학사, 2013, 251쪽, 399쪽.

74. 축제는 인간의 삶을 용해시킨다. 축제는 내밀한 삶에서 솟아나는 강렬한 열로 인해 사물과 개인의 구분이 녹아 없어지는 도가니이다. 조르쥬 바타유, 조한경 옮김, 『종교이론: 인간과 종교, 제사, 축제, 전쟁에 대한 성찰』, 문예출판사, 2015, 제1부 제3장 제사, 축제, 그리고 신성세계의 원칙들, 53-68쪽.

75. 도미니크 르스텔 저, 김승철역, 『동물성: 인간의 위상에 관하여』 동문선, 2001, 75쪽.

76. 원(元)은 봄에 만물이 시작되는 것, 형(亨)은 여름에 만물이 무성해지는 것, 리(利)는 가을에 결실을 하듯 거두어 들이는 일, 정(貞)은 겨울처럼 참고 견디며 봄을 맞을 준비를 하는 것을 의미한다. 이기동 역해, 『주역, 삶이 행복해지는 지혜』, 동인서원, 2011, 65쪽.

77. 『식물은 똑똑하다』, 215쪽.

78. 〈키워드로 읽는 과학 본색(本色) 153. 숲과 나무〉 김재호 과학전문기자, 교수신문 843호 (2016.8.8.) 테드 강연

https://www.ted.com/talks/suzanne_simard_how_trees_talk_to_each_other

79. 『나무수업, 따로 또 같이 살기를 배우다』, 13-15쪽, 29쪽.

80. 남효창, 『나무와 숲』, 계명사, 2008, 23-24쪽.

81. 잡초의 생명력과 효용에 관해서는 조지프 코캐너(Joseph A. Cocannouer), 구자옥 옮김, 『잡초의 재발견(Weeds-Guardians of the Soil)』 우물이 있는 집, 2013, 5장 뿌리의 힘, 77-82쪽, 8장 초지개량의 선구자, 129-130쪽 참조.

82. 질소고정 박테리아와의 공생에 관해서는 『나무와 숲』, 21쪽. 『식물은 위대한 화학자』, 259-262쪽. 『식물의 본성』 286쪽 참조.

83. 식물과 균류의 공생에 관해서는, 『나무수업, 따로 또 같이 살기를 배우다』, 75쪽. 『식물의 본성』 281쪽. 『식물의 역사』 281쪽. 『잡초의 재발견』, 14장 자연의 상생법칙, 220-221쪽 참조.

84. Masanobu Fukuoka, translated by Frederic P. Metreaud, *The natural way of farming : the theory and practice of green philosophy*, (madras : Bookventure, 1985) 『식물은 위대한 화학자』, 255쪽에서 재인용

85. 다양성의 근원은 돌연변이이다. 식물은 오직 돌연변이에 의해 새로운 성질을 갖게 된다. 『식물의 역사』, 40쪽.

86. 『욕망하는 식물』, 111쪽.

87. 〈산림기획-숲은 생명이다: 확인된 식물 2000종... 최악 쓰나미도 숲이 막아〉, 중앙일보 2010.11.11. 23면 기사, 이한길 기자.

88. 피터 싱어는 다윈이 자신의 작업에서 윤리적 합의를 도출하려는 시도를 거부하였지만, 그럼에도 불구하고 '진화'라는 용어는 19세기 말에서 20세기 초에 전 세계에 유행처럼 번져나갔다고 주장한다. 특히 허버트 스펜서(Herbert Spencer)는 진화로부터 윤리적 합의를 이끌어내는 데 주력했고 앤드류 카네기, 존 록펠러 등도 경쟁과 적자생존이 대기업의 생존과 연관이 있다고 주장했다. 또한 사회다윈주의의 여러 분파들은 사실로부터 가치를 유추해내려는 오류를 저지르고 있다. 우리는 진화가 '옳은' 방향으로 가고 있는 것이라고 결론내릴 수는 없기 때문이다.
피터 싱어, 최정규 역, 『다원주의 좌파』, 이음, 2011, 23-26쪽.

89. 헉슬리는 식민지의 형성과정과 정원의 조성 사이에 관계가 있다고 보았다. 인간이 가축을 관리하듯 식민지를 맡아 관리해야 하며, 정원사가 자신의 이상에 따라 식물을 선택하듯이 관리자는 자신이 생각하는 성공적인 식민지의

이상을 기준으로 원하는 인간을 선택해야 한다고 보았다. 이는 마치 자연상태의 거친 생존을 위한 투쟁을 없애고 정원을 가꾸듯 인위적인 이상상태를 조성하는 것과 같다. 심지어 그는 정원사가 결함이 있거나 남아도는 식물을 뽑아버리듯이, 사육사가 원치 않는 가축을 죽여 없애듯이, 관리자의 목적에 잘 들어맞는 식민집단의 미래를 위해서도 병들거나 쇠약한 사람들, 남아도는 영아들 같은 불필요한 구성원들을 제거하고 축출해 버리고는 가장 강하고 건강한 자들만 추려내어 번식하도록 조처해야 한다고까지 주장하였다.

토마스 헉슬리, 김기윤 옮김, 『진화와 윤리』, 지만지 고전선집, 2009, 51-57쪽.

90. 박영숙, 제롬 글렌 지음, 『유엔미래보고서 2050』, 교보문고, 2016, 74-75쪽, 214-217쪽.

[네이버 지식백과] 우버 [Uber] 에어비엔비 [Airbnb].

91. 프로크러스테스는 장성한 테세우스(Theseus)가 아테네로 가는 길에 만나는 악당 중 하나이다. 테세우스는 아테네의 왕 아이게우스(Aegeus)의 아들로, 왕궁 밖에서 자신이 왕자인지도 모르고 자라는데, 성장하여 아테네에 닥친 위기를 해결하고 아테네의 왕이 되는 전설적인 영웅이다. 케네스 C. 데이비스, 이충호 옮김, 『세계의 모든 신화』, 푸른숲, 2008, 301-304쪽.

92. 천작(天爵)은 근본적인 것이고 영구적인 것이나, 인작(人爵)은 부수적인 것이고 일시적인 것이다. 근본적인 것을 완수하면 부수적인 것은 따라오게 마련이다. 하늘이 내려준 벼슬은 곧 인의예지의 사단을 뜻하는데 이를 잘 닦으면 인간이 주는 벼슬인 인작은 저절로 얻게 된다. 천작은 인간성 내부에 간직된 귀한 것이며 인작은 인간 외부의 것이다. 인작은 빼앗길 수 있으나 천작은 빼앗길 수 없다. 천작(天爵)은 근본적인 것이고 영구적인 것이나, 인작(人爵)은 부수적인 것이고 일시적인 것이다. 근본적인 것을 이루고하면 부수적인 것은 따라오게 마련이다.

최문형, 『동양에도 신은 있는가』, 백산서당, 2002, 110-111쪽.

93. 네이버 지식백과, 두산백과, 인류세 (Anthropocene, 人類世).
http://terms.naver.com/entry.nhn?docId=1228242&cid=40942&category
Id=32297

94. 가이아 이론에 대해서는 제임스 러브록, 홍욱희 옮김, 『가이아: 살아있는 생명체로서의 지구(A New Look at Life on Earth)』, 갈라파고스, 2004, 8장 가이아와의 공존, 239-272쪽 참조.

95. 『바이오필리아』, 사이언스북스, 132쪽.

96. Edward O. Wilson, *Biophilia and the conversation ethic, Biophilia Hypothesis*, ed. Edward O. Wilson and Stephen Kellert(Washington D. C. : Island Press, 1993), 39쪽. 『식물은 위대한 화학자』, 90쪽에서 재인용

97. 『바이오필리아』, 191쪽.

98. 『바이오필리아』, 196-197쪽.

99. 인간과 동물의 교잡종을 패러휴먼(parahuman) 또는 키메라(chimera)라고 부른다. 『유엔미래보고서 2030』, 151-152쪽.

100. 『유엔미래보고서 2030』, 247-250쪽.

101. 올더스 헉슬리, 안정효 옮김, 『멋진 신세계』, 소담출판사, 2015. 그가 이런 소설을 쓴 것은 저명한 동물학자로서 진화론을 지지한 조부 토마스 헉슬리(Thomas Henry Huxley)의 영향이 있었는지 모른다.

102. 김대식은 인간의 뇌는 15층 정도의 정보구조를 가졌지만 인공지능은 100만 층도 가능할 수 있으므로 인간보다 훨씬 깊은 사고를 할 수 있고 인간이 상상 못하는 인과관계를 이해할 수 있다고 한다. 따라서 강한 인공지능이 무엇을 원할지는 인간으로서 알 수 없는 일이 되며, 이를 막는 것은 인공지능이 첫 번째 인과관계를 만들어낼 때 알아내어 자기의지가 생기는 그 순간에 자폭시키는 것이라고 한다. 하지만 이는 현실적으로 불가능하다. 다른

방법은 인공지능에게 '인간을 해치면 안돼'라는 도덕적 기준을 심어주는 것
인데, 강한 인공지능이 그 이유를 물었을 때 납득할 대답을 줄 수 없다는
것이다. 따라서 인공지능 스스로 인류를 돕겠다는 결정을 하게 해야 하는
데 그러려면 인간이 살아남을 가치가 있는 존재라는 것을 인정받아야만 한
다. 하지만 이제까지 인류 역사를 볼 때 우리가 인공지능에게 그런 인정을
받기는 현실적으로 힘들다고 한다. 따라서 인류가 멸망하지 않고 살 길은
이제부터라도 '인간다운 삶', '기계와 다른 차별화된 인간다움'을 지니는 것
이라고 설파한다.

김대식, 『인공지능이란 무엇인가, 김대식의 인간vs기계』, 동아시아, 2016,
290쪽, 311-320쪽, 322-350쪽.

'인간이 만들어낸 마지막 발명품이라 불리는 인공지능'에 관하여는 제임스
배럿(James Barrat), 정지훈 옮김, 『인공지능, 인류 최후의 발명품(*Artificial Intel-
ligence and the End of the Human Era : Our Final Invention*)』, 동아시아, 2016, 참조.

103. 조셉 캠벨·빌 모이어스 대담, 이윤기 옮김, 『신화의 힘』, 21세기북스, 2002,
78-81쪽.

104. 이 이야기는 호메로스의 시에 나오는 이야기로 고대 이집트의 테베에 여인
의 얼굴과 사자의 몸을 한 스핑크스라는 이상한 동물이 있었다고 한다. 오
이디프스의 비극적 운명의 원인은 그의 아버지 라이오스의 죄악이다. 자세
한 것은 『나무의 철학』, 260-263쪽.

105. 『캠벨 생명과학』, 6단원, 36쪽. 관다발식물의 자양분 공급과 수용, 764쪽,
741쪽. 『식물의 본성』, 179-180쪽.

106. 『캠벨 생명과학』, 36쪽. 관다발식물의 자양분 공급과 수용, 798쪽. 통발은
『식물은 똑똑하다』, 85-88쪽, 실새삼은 같은 책 93-99쪽.

107. 『식물은 똑똑하다』, 293-296쪽. 『식물의 본성』, 180쪽. 『캠벨 생명과학』, 39
장 내외 신호에 대한 식물의 반응, 843쪽.

108. 『식물은 위대한 화학자』, 211쪽.

109. 옥수수를 대상으로 한 바바라 매클린톡의 유명한 연구에 관하여는 다음 의 책들을 참조할 것. 『씨앗의 자연사』, 5장 각자 그 종류대로, 유전, 74-75 쪽. Jonathan Silvertown, "Plant phenotype plasticity and non-cognitive behaviour," in *TREE* 13, no. 7(July 1998): 255-256쪽. 『식물은 위대한 화학 자』, 259쪽에서 재인용.

110. http://www.wired.com/news/technology/0,1282,58118,00.html 유영민, 차 원용 공저, 『상상, 현실이 되다』, 프롬북스, 2014, 249-257쪽.

111. 『상상, 현실이 되다』, 84쪽. 『씨앗의 승리』, 168-169쪽.

112. 생물들의 항상성 조절에 대해서는, Sherwood 외 지음, 강봉균, 김상훈, 안 태인 옮김, 『동물생리학: 유전자에서 생물체까지』, 라이프사이언스, 2007.

113. 김학주 역주, 『중용』, 서울대학교 출판부, 2006. "군자는 때에 알맞게 처 신한다"라고 한 것은 곧 "중을 잡아야 한다"는 것을 말한다. 중용장구서 21-23쪽.

Fung Yu-Lan, Edited by Derk Bodde, *A Short History of Chinese Philosophy*, the Free Press, NY, 1976, 173쪽. 풍우란은 중(中)의 개념을 두 가 지로 나누어 설명했다. 'just right' 즉 적중(的中)과 'timely mean' 즉 시중(時中)이다.

114. 칸트의 글을 보면 생명체에 갈등과 긴장이 있는 것이 필요하는 것을 알 게 된다. 칸트는 고립된 나무는 오히려 곧게 자라지 못하고 뒤틀려 자란다 고 경고했다. 칸트는 숲에서의 경험을 통하여 인간을 인간답게 만들어 주 는 논고를 작성했다. "들판 한가운데 고립된 나무는 등을 구부리며 자라나 서 그의 가지들을 멀리 뻗는다. 대신에 숲 속의 나무들은 그들 주변에서 죄 어오는 압력에 대해 저항하는 이유로 곧바로 자라나서 머리 위의 빛과 태양 을 향한다." 〈교육에 관한 성찰〉, 1765. Vrin, 1966, 80쪽.

"그렇게 나무들은 숲 속에서 각자가 공기와 태양을 강탈하려고 애쓰는 것과 마찬가지로 서로가 서로에게 추월하려고 애쓰고 있다. 그리고는 곧바로 자라나서 아름다운 꽃을 피운다. 하지만 반대로 자유분방하게 취향대로 가지를 뻗은 나무들은 왜소하고 뒤틀리고 구부러진 모습으로 굳어 간다." 〈세계주의의 관점에서 본 세계 역사의 개념〉 1784, Gonthier, 1965. 34쪽. 『나무의 철학』, 199쪽에서 재인용.

115. 재미있는 것은 이 십자가의 나무가 바로 아담과 이브가 열매를 따먹은, 인류가 타락하게 된 바로 그 나무라는 것이다. 지식의 나무와 생명의 나무는 동일시된다. 중세 전 시기에 걸친 그리스도교 국가들의 민간 전설에는 그리스도교의 십자가와 에덴동산(낙원)의 생명의 나무 사이에 존재하는 신비한 관계들이 널리 퍼져있었다. 아담이 죽은 후 그 무덤에서 자란 세 그루의 나무는 이후 솔로몬이 지은 신전의 기둥이 되고 이 기둥은 뽑혀져서 실로암의 다리가 되었다는 것이다. 십자가는 아담이 묻힌 바로 그 자리, 골고다 언덕에 세워진다. 이 십자가의 나무는 실로암의 다리로 만들었다는 설도 있고 솔로몬 신전의 나무 기둥으로 만들었다는 설도 있다. 결국 타락한 아담의 무덤에서 자란 나무가 십자가의 나무가 됨으로써 이 나무는 바로 생명나무가 되고 골고다는 '세계의 중심'이 된다. 즉 신의 아들의 희생으로 인해 십자가는 생명나무인 우주의 중심이 되는 것이다.
『나무의 신화』, 제9장 에덴동산에서 나무 십자가까지, 385-395쪽

116. 『식물은 똑똑하다』, 216쪽.

117. 이 책에는 식물이 하늘로 향하려 노력하는 다양한 시도가 재미있게 담겨 있다. J.H.파브르 지음, 정석형 옮김, 『파브르 식물기』, 두레, 2009, 195쪽, 201쪽.

118. 『파브르 식물기』, 213-214쪽.

119. 레프 톨스토이, 『사람은 무엇으로 사는가』, 문예출판사, 2015.

120. 『캠벨 생명과학』, 765쪽.

121. 원시종교에 관해서는 서광선, 『종교와 인간』, 이화여자대학교 출판부, 1994, 93–99쪽 참조.

122. 태모(太母)는 자연, 우주의 어머니이고 모든 원소를 지배하는 여주인이며 시간의 최초의 자식, 모든 영적인 존재를 통치하는 군주, 사자(死者)의 여왕이자 동시에 불사(不死)의 여왕이다. 진 쿠퍼, 이윤기 옮김, 『세계문화상징사전』, 까치, 1994, 220쪽.

123. 카렌 암스트롱, 배국원·유지황 옮김, 『신의 역사』, 동연, 1999, 35–38쪽.

124. 게놈 프로젝트는 2008년에서 2012년에 걸쳐 30억 달러가 들어간 사업으로, 인간 게놈에 있는 약 30억 개의 뉴클레오티드 염기쌍의 서열을 밝힌 것이다. 인간 유전자의 수는 약 33,300개로 밝혀졌다. 『상상, 현실이 되다』, 93쪽.

125. 『유엔미래보고서 2050』, 159쪽.

126. http://www.darpa.mil/MTO/Programs/himems/index.html 『상상, 현실이 되다』, 246–248쪽에서 재인용. 『유엔미래보고서 2050』, 160–161쪽. 『유엔미래보고서 2045』, 156–159쪽 참조할 것.

127. 『유엔미래보고서 2050』, 260–263쪽.

128. 『유엔미래보고서 2050』, 139–143쪽.

129. 다이달로스(Daedalus)는 아테네의 명장으로서 미궁에 갇힌 미노타우로스를 죽이려는 아리아드네의 음모를 도왔다는 죄를 얻어 아들 이카루스(Icarus)와 함께 감옥에 갇힌다. 다이달로스는 깃털을 모아 밀랍으로 이어 붙여 두 벌의 날개를 만들어 아들과 함께 탈출을 시도한다. 『세계의 모든 신화』, 301–303쪽.

130. 불사약을 구했던 것은 진시황의 6대 폐정 중의 하나이다. 진시황은 신선설이 거짓이 아니고 불사약도 구할 수 있으리라 굳게 믿었다. 술사 가운데 최

대 사기꾼은 제나라의 서복으로 황제를 충동질하여 신선을 찾아 불사약을 구할 것을 상서했다. 그리고는 매번 바람을 핑계대거나 공품 부족을 이유로, 아니면 바닷길을 방해하는 거대한 고래를 죽여 달라느니 하면서 진시황을 속이고는, 황제가 마련해 준 동남동녀, 기술자들, 대량의 선박, 공품, 재물, 오곡의 종자들을 챙겨가지고는 바다로 나가 다시는 돌아오지 않았다.

다른 유명한 사기꾼은 연나라 노생으로 신선술을 가지고 진시황을 갈취하고 군대와 백성을 동원했으며 불사약을 찾는다면서 백성을 괴롭히고 재물을 낭비했다. 나중에 노생이 황제를 욕하고 도망가자 화가 난 황제는 술사들을 구덩이에 묻어 죽이고(坑術士) 지식인과 학자들마저 죽였다.(坑儒) 분서의 원인은 주왕조와 진왕조의 정치형태를 비교한 격렬한 쟁론에서 비롯되었다. 복야 주청신은 황제에게 아첨하였고 박사 순우월은 직언하였는데 그는 공자의 제자였다. 황제는 이사를 내세워 분서령을 내리고는 〈시경〉, 〈서경〉 및 각국의 역사서를 금서로 삼고 진나라의 통치 이념인 법교(法敎)에 대한 사사로운 비난을 뿌리뽑으려 하였다.

장펀텐, 이재훈 역, 『진시황평전』, 글항아리, 2011, 929~955쪽.

131. 고대 이집트 인들은 태양을 만물을 창조하고 모든 것을 주관하는 라(Ra)로 여겼다. 그들은 나일강변 양쪽에 걸쳐 살았기 때문에 배가 중요한 교통수단이었다. 그래서 태양도 매일 배를 타고 하루 두 번 낮과 밤에 항해한다고 믿었다. 태양은 낮의 배를 타고 동에서 서로 우주를 지나가고 밤의 배를 타고 서에서 동으로 명부(冥府)를 통과한다. 그들은 파라오가 태양신 라의 아들이라고 믿었고 태양신의 영원한 삶을 위해 태양선을 제작하고는 파라오의 영혼이 죽음과 삶을 오갈 수 있도록 피라미드 옆에 그것을 두었다.

태양선 박물관 안에 복원된 태양선에 대해서는 베이징대륙교문화미디어 엮음, 박한나 옮김, 『풍요의 강, 나일』, 산수야, 2011, 178~181쪽 참조.

파라오는 죽어서 다른 신들에게 돌아가며 파라오의 죽음을 끊임없이 기억해야 그의 축복이 이승에 내려진다고 믿었다. 따라서 무덤은 영원한 생명력을 자랑하는 곳이며 동시에 죽은 자와 산 자가 만나는 공간이다.

미로슬라프 베르너 지음, 김희상 옮김, 『피라미드, 그 영원의 시공간을 탐사한다』, 심산, 2004, 62~63쪽 참조.

132. 달은 보편적으로 순환적 시간의 리듬을 상징하며 우주적 생성을 나타낸다. 달의 탄생과 죽음, 그리고 부활의 변화는 불사(不死)와 영원, 영속적 갱신을 상징하며 영적 광명을 나타낸다. 『세계문화상징사전』, 218쪽.

133. 길가메시는 친구 엔키두의 죽음을 보고 영생을 찾아 나서고 천신만고 끝에 은자 우투나피쉬팀을 만나게 된다. 우투나피쉬팀은 길가메시의 귀향길에 바다 밑의 식물을 선물해 주는데, 그것은 '늙은이가 다시 젊어지는' 식물이었다. 길가메시는 고향으로 돌아가던 길에 찬 물이 솟아오르는 샘을 보고 내려가 목욕을 하게 된다. 그 웅덩이 깊은 곳에는 뱀 한 마리가 살고 있었는데 뱀은 꽃의 향기를 맡고는 웅덩이 위로 올라와 그 꽃을 빼앗아 도망쳤다. 눈 깜짝할 사이에 뱀은 껍질을 벗고 웅덩이 속으로 사라졌다. 길가메시는 허무함에 주저앉아 울었다. 이렇게 하여 죽음을 초월하려는 길가메시의 모험은 허무하게 끝이 나지만 영웅이며 왕인 그도 결국은 다른 인간들과 다를 것 없는 평범한 삶으로 돌아간다는 진리를 이 이야기는 담고 있다.

김산해, 『최초의 신화 길가메쉬 서사시』, 휴머니스트, 2005, 310~313쪽.

134. 심조원 지음, 『내 꿀을 돌려줘』, 달팽이과학동화 23, 보리, 2000.

135. 동곽자가 장자(莊子)에게 도(道)를 물으니, 장자는 '도가 어디에나 다 있다'고 한다. 동곽자가 있는 곳을 지적해 달라고 하자, 장자는 '도가 거미·가라지·기왓장·똥·오줌 속에도 있다'고 하여 도의 보편성과 편재성을 말한다.

『동양에도 신은 있는가』, 210쪽.

도는 초월과 동시에 내재, 내재와 동시에 초월이라는 생각이다. 이런 생각을 서양에서는 일반적으로 범재신론(panentheism)이라고 한다. 이는 신의 초월만을 일방적으로 강조하는 유신론이나 신의 내재만을 지나치게 강조하는 범신론의 양대 오류를 뛰어넘는 방식이다.

오강남 풀이, 『장자』, 현암사, 1999, 398-400쪽.

136. 우파니샤드에서는 뿌리를 순수이고 불멸이라고 한다. 박효엽, 『처음 읽는 우파니샤드』, 거꾸로 선 우주나무로부터, 웅진지식하우스, 2007, 25-31쪽.

137. 오시리스(Osiris)는 이집트의 하늘신인 여성신 누트(Nut)에게서 태어나 누이 동생인 이시스(Isis)와 결혼했다. 오시리스는 대지를 통치하면서 농경법을 전파하였는데 동생인 사막의 신 세트(Seth)의 계략으로 관속에 갇힌다. 아내인 이시스가 고생 끝에 오시리스를 찾아내지만 세트가 유해를 토막내어 버린다. 죽은 오시리스의 체액은 나일강의 강물이 되어 이집트를 풍요롭게 해준다. 파라오는 바로 이 오시리스의 화신으로 여겨진다.

조지프 캠벨, 과학세대 옮김, 『신화의 세계』, 까치, 2005, 95-100쪽.

138. 『식물의 본성』, 210-211쪽.

139. 『파브르 식물기』, 124-125쪽.

140. 물론 식물도 감정이 있고 특정 자극에 그들 나름대로 반응하고 거짓말 탐지기에 정서적 반응을 보이기도 한다는 연구결과도 있기는 하다. 『식물은 똑똑하다』, 9장 신경 대신 전기신호로, 305-308쪽.

141. 『식물은 위대한 화학자』, 237-238쪽.

142. 『식물의 역사』, 100쪽. 최근 수령 1000년이 넘은 자이언트 세쿼이어 나무가 폭풍우에 쓰러졌다는 보도가 있다. 파이어니어 캐빈이라는 이름의 이 나무는 나무기둥의 아랫쪽을 파낸 '터널나무'로 많은 관광객의 사랑을 받아 왔다. 〈천자칼럼, 자이언트 세쿼이아〉 한국경제 2017. 1. 12. A35면 기사. 김선태 논설위원. A8면 사진설명.

143. 『식물의 역사』, 103쪽. 『식물의 본성』, 133쪽.

144. 『파브르 식물기』, 제6장 나무의 나이, 82-83쪽.

145. 『나무의 철학: 서양철학에 관한 에세이』, 42쪽.

146. 『캠벨 생명과학』, 39장 내외 신호에 대한 식물의 반응, 833-834쪽.

147. 『상상, 현실이 되다』, 42쪽, 192-196쪽, 259-260쪽, 265-268쪽.

148. 2005년 하버드대학교 피부연구소는 쥐의 DNA를 변경해 늙은 쥐를 젊게 만들었다. 유전자 뒤집기에 성공한 것이다. 『유엔미래보고서 2030』, 35쪽. 바이오프린팅은 같은 책 36쪽. 나노봇은 http://blog.lgcns.com/985 (인간 과 로봇의 공존, '나노봇(Nanobot)'! LG CNS 대학생 기자단 김종운, 2015.12.17. 기사 참조. TAME(Targeting Aging with Metformin)실험은 『유엔미래보고서 2050』, 253-254쪽.
의료기기와 스마트폰의 연결은 같은 책 46-47쪽, 275-276쪽, 크리스퍼 유 전자 가위 기술은 같은 책 49쪽 참조할 것.

149. 〈IT와 제약산업이 만든 '전자약(藥)'...올 20조원 시장 급성장〉 조선경제 2016. 10. 31, B7면 기사, 이영완 과학전문기자.

150. 사이보그에 대해서는 『상상, 현실이 되다』, 237-238쪽 참조.

151. 『유엔미래보고서 2050』, 257-258쪽.

152. 트리나 폴러스 저, 김석희 역, 『꽃들에게 희망을』, 시공주니어, 2005.

153. 도킨스는 복제자의 세 가지 조건으로 복제의 충실성(fidelity of copying), 다산 성(fecundity), 충분한 수명(sufficient longevity)을 들면서, 유전자의 경우나 문전 자의 경우나 큰 차이가 없다고 본다.
리처드 도킨스, 홍영남 옮김, 『이기적 유전자』, 을유문화사, 1993, 317쪽.
유전자와 마찬가지로 문전자의 선택도 상황에 적합한 것들이 선택된다. 어 떤 생각들은 순식간에 사라지는 반면, 어떤 생각들은 널리 퍼진다. 세대를 통해 그대로 전달되기도 하고, 다듬어지고, 변형되기도 한다. 문전자는 학 습이나 모방에 의해 사방으로 전달된다.
이한구, 「문화의 변화에 대한 진화론적 설명모형」, 『철학』 94, 한국철학회,

2008.2, 89-96쪽.

154. 『파브르 식물기』, 16장 괴근, 230-232쪽.

155. 『나무수업, 따로 또 같이 살기를 배우다』, 46쪽, 141-146쪽.

156. 『씨앗의 자연사』, 151쪽. 『캠벨 생명과학』, 832쪽.

157. 『씨앗의 자연사』, 12. 씨앗 속에 농축된 격렬한 에너지, 싹 틔우기, 154-155 쪽.

158. 『씨앗의 자연사』, 151쪽. 『씨앗의 승리』, 에이도스, 2016, 149-150쪽.

159. '안데르센 상' 수상자 윌리엄 스타이그의 그림동화가 원작인 애니메이션 슈 렉(Shrek, 2001)의 주인공은 초록색 괴물이다. 동화 주인공들의 침입으로 자 신의 안식처인 늪지대를 지키려고 파콰드 영주를 찾아간 슈렉은 용이 지키 는 성에 갇혀 있는 피오나 공주를 구해오는 임무를 받아 당나귀 동키와 함 께 공주를 찾으러 떠난다.

160. 『캠벨 생명과학』, 38장 속씨식물의 생식과 생명공학, 809쪽. 『씨앗의 승리』, 에이도스, 2016, 44쪽, 150-151쪽. 『씨앗의 자연사』, 154쪽.

161. 식물학자들은 '도시락과 함께 아기를 상자 안에 넣어놓는 방식'이 씨앗이라 고 하기도 한다. 『씨앗의 승리』, 152쪽.

162. 파울로 코엘료, 최정수 옮김, 『연금술사』, 문학동네, 2001.

163. 『나무수업, 따로 또 같이 살기를 배우다』, 49-56쪽.

164. 동물들을 활용한 여러 가지 방식의 씨앗 퍼뜨리기는 다음을 참조할 것. 『식 물의 본성』, 256-270쪽. 『식물은 똑똑하다』, 318-327쪽. 『씨앗의 승리』, 293-294쪽. 『캠벨 생명과학』 811쪽.

165. 바람이나 물을 활용한 식물들의 다양한 씨앗 나르기 전략은 다음을 참조 할 것. 『캠벨 생명과학』 38장 속씨식물의 생식과 생명공학, 811쪽. 『씨앗의 자연사』, 126-127쪽. 『식물은 위대한 화학자』, 239쪽.

166. 메이나드 솔로몬 지음, 김병화 옮김, 『루드비히 폰 베토벤』, 한길아트, 219-

220쪽.

167. 가스통 바슐라르, 정영란 역, 『공기와 꿈』, 공기나무, 민음사, 1995, 414쪽.

168. Antoine Fabre d'Olivet, *Histoire philosophique du genre humain*, Tomes I et II. 1910. Arbre d'Or, Cortaillod, (ne), Suisse, 2009, 69쪽.

169. *Histoire philosophique du genre humain*, 45쪽. 로베르 뒤마 저, 송혁석 역, 『나무의 철학: 서양철학에 관한 에세이』, 동문선, 2004, 83쪽.

170. 프로메테우스는 티탄이었지만 제우스 편에 서서 다른 티탄과 싸웠다. 제우스가 그 자신이 점토로 빚어 만든 사람들을 싫어하게 되고 사람들에게서 불을 빼앗기로 결정하자 프로메테우스는 화가 났다. 결국 프로메테우스가 마른 회향풀 줄기 속의 텅 빈 공간에 불을 숨겨 사람에게 전해주자, 제우스는 프로메테우스를 카우카소스 산맥 산 봉우리에 사슬로 묶어 놓고 매일 낮마다 독수리를 보내 그의 간을 쪼아 먹게 하였다. 『세계의 모든 신화』, 276-277쪽.

감사의 말

　차분히 글을 쓸 수 있도록 물심간에 헌신해주시고 최초의 독자로 원고를 읽어 주신 어머니 박옥희 님께 감사드린다. 작은 손에 연필을 쥐어주신 외조부 故박세용 님께 깊은 감사를 드린다. 글을 쓰는 내내 그분을 느꼈다. 내 영혼의 발화를 도와준 벗에게 감사드린다. 계속 사색하고 공부할 수 있는 여건을 주신 박상환 교수님께 감사드린다. 묵묵히 기다려 준 신철호 편집장님, 알차게 꾸며준 구남희 선생님께 감사드린다. 원고를 모두 읽고 중요한 지적을 해주신 손태수 교수님께 감사드린다. 글에 윤기를 더해주고 삽화와 마무리를 도와준 든든한 자녀, 주형, 주향에게 감사한다.